철학친교

원리와 실천

Translated from:

HANDBOOK OF PHILOSOPHICAL COMPANIONSHIPS

Principles, procedures, exercises

I0171046

Loyev Books

철학친교

원리와 실천

HANDBOOK OF

PHILOSOPHICAL COMPANIONSHIPS

Principles, procedures, exercises

Ran Lahav

란 라하브 지음 / 편상범 옮김

Originally published in English as *Handbook of Philosophical Companionships* (Loyev Books, 2016)

Translated into Korean by Sang-beom Pyeon.

ISBN-10: 0-9985330-9-2
ISBN-10: 978-0-9985330-9-4

Loyev Books
1165 Hopkins Hill Road, Hardwick, Vermont 05843, USA
philopractice.org/web/loyev-books

목차

감사의 말

내가 철학친교를 탐색하는 과정에, 온라인과 실제 만남을 통해, 열정적으로 참여해준 많은 학생과 철학실천가들에게 고마움을 전합니다. 그들의 열정에 찬 참여와 창의성과 열린 마음이 없었다면 이 책은 나오지 못했을 것입니다.

— 란 라하브

머리말 : 라하브의 철학친교를 소개하며

편 상범

  이 책에서 란 라하브는 최근에 자신이 개발한 철학실천의 한 형식인 철학친교(philosophical companionship)의 원리와 그 구체적인 실천 방법을 소개하고 있습니다. 2016년에 영어판 원본이 나오고 곧이어 이탈리아어, 스페인어, 독일어, 그리고 러시아어로 번역되었습니다. 영어판 원본 (*Handbook of Philosophical Companionships – Principles, procedures, exercises*, Loyev Books, 1916)에는 이탈리아 철학실천가인 실비아 페로나치(Silvia Peronaci)의 머리말이 실려 있으나, 우리말 번역본에서는 그것을 빼고 역자의 머리말을 넣었습니다. 라하브는 올해(2017년) 4월에 우리나라를 방문하여 강원대와 서강대에서 강의와 발표 및 워크숍을 진행하였는데, 그 전에 저는 이미 페로나치의 서문을 포함하여 번역을 끝낸 상태였습니다. 라하브는 역자와 한국어 번역본에 대한 논의를 하면서, 한국어판에 이탈리아 철학실천가보다는 한국 철학실천가의 머리말을 싣는 게 한국의 독자들에게 더 유익할 것이라며 역자인 저의 글을 싣는 것이 좋겠다는 제안을 했고, 그래서 영어 원본과 날리 역지가 해설하는 글이 이 자리에 오게 되었습니다.

라하브는 철학실천(philosophical practice)에 관심이 있는 사람들에게는 긴 소개가 필요 없는 잘 알려진 철학실천 가이나, 철학실천이라는 말조차 아직 낯설게 느끼는 사람들이 많다고 생각하여 간략하게 그를 소개합니다. 철학실천은 강단철학에서 벗어나 철학을 우리의 일상적 삶에 직접 연관시키려는 목적으로 1980년대에 등장한 새로운 철학 운동입니다. 1994년에 제1차 국제회의가 캐나다 브리티시 컬럼비아 대학교(UBC)에서 개최되었는데, 라하브는 루 매리노프(Lou Marinoff)와 함께 이 대회를 조직했습니다. 그 이후 지금까지 그는 세계 여러 곳에서 철학실천에 관한 대학 강의, 철학토론 그룹 활동, 철학상담, 철학친교 등의 다양한 철학실천 활동을 이끌고 있으며, 2012년과 2017년 두 차례에 걸쳐 우리나라에 와서 강연과 논문 발표 및 실천 활동을 시연하기도 했습니다. 그리고 몇 년 전부터 인터넷을 통해서도 활발하게 철학실천 활동을 진행하고 있으며, 이를 통해 그는 철학실천에 관한 많은 읽을거리와 동영상 등을 누구나 쉽게 접할 수 있도록 제공하고 있습니다. (http://www. philolife.net/ 또는 https://philopractice.org/ 참고) 그는 일찍이 자신이 편집하고 제1장을 쓴 철학상담 논문집에서 철학상담을 '세계관 해석'이라는 원리로 설명한 바 있습니다.[1] 라하브에 따르면, 사람의 감정, 행동, 열망, 기대 등 일상적 삶의 다양한 면들은 자신과 세계에 관한 특정한 견해(생각)의 — 이러한 견해들의 총체를 세계관이라고 부를 수 있습니다 — 표현이며, 철학상담은 바로 내담자가 자신의 세계관을 해석하고 이해할 수 있도록 도움을 주는 철학 활동입니다. 라하브는 다양한 철학상담 활동들을 세계관 해석이라는 개념으로 묶고 있으며, 또한 이 개념을 통해 심리상담과의 차이점을 명료하게 설명합니다. 그의 세계관 해석의 원리는 국내의 철학실천가들에게도 잘 알려져 있습니다.

우리는 모두 각자 자신의 세계관을 지니고 삽니다. 그런데 나 자신과 세계를 해석하는 틀인 나의 세계관은 나 자신에게 조차 명료하게 드러나지 않는 경우가 많습니다. 그것은 나의 계획, 희망, 선호, 감정, 행동 등을 일으키는 숨겨진 전제로 작동합니다. 이 세계관을 라하브는 '플라톤의

---

1. Ran Lahav and Maria da Venza Tillmanns ed. *Essays on Philosophical Counseling* (1995). 이 책은 〈한국철학상담치료학회〉가 창립되기 전인 2008년 독회모임에서 함께 읽었으며, 저는 그 중에서 라하브가 쓴 제1장 "철학상담의 개념적 틀: 세계관 해석(A Conceptual Framework for Philosophical Counseling: Worldview Interpretation)"을 정리 발표하였습니다. 우리말 번역본은 『철학상담의 이해와 실천』 정재원 옮김, 노성숙 감수, 시그마프레스, 2013.

동굴'에 비유하곤 합니다. 플라톤은 동굴의 비유를 통해 감각 경험에 의해 알려지는 현상의 세계와 지성에 의해 알려지는 이데아의 세계를 구별하면서, 생성 소멸하는 가변적 세계를 대상으로 한 견해(독사)에서 벗어나 불변하는 사유 대상을 파악하는 참된 지식(에피스테메)을 지향하라고 주장합니다. 라하브는 플라톤의 동굴의 비유를 다시 비유로 삼아, 습관에 의해 굳어져 관성의 힘으로 우리를 압도하는 자신의 좁은 세계관에서 벗어나 동굴 밖의 실재(reality), 더 넓은 인간 실재의 지평으로 자신을 열어 놓으라고 합니다. 나의 세계관은 나의 동굴이며, 좁은 경계(울타리)입니다. 물론 우리가 자신의 세계관에서 완전히 벗어나는 것은, 동굴 밖으로 나가 사는 것은, 불가능합니다. 그리고 나의 동굴은 나에게 가장 편한 곳이기도 합니다. 나의 세계관은 나에게 가장 친숙하고 자연스러운 인식의 틀입니다. 그런데 세계관이 왜 문제일까요?

철학상담을 요청하는 내담자들의 문제들, 예컨대 직장에서의 불만족, 가족 간의 갈등, 낮은 자존감, 행동 결정의 어려움, 의미의 위기 등의 바탕에는 자신과 세계를 이해하는 틀인 세계관의 문제가 놓여있습니다. 철학상담가는 내담자와 함께 그러한 세계관에 함축된 숨은 전제의 건전성, 비일관성, 비현실성을 밝혀냅니다. 많은 철학상담가 다양한 철학적 방법으로 내담자의 세계관을 분석하여 그들의 문제 해결에 도움을 줍니다. 이러한 문제 해결은 철학실천의, 그 중에서도 철학상담의 매우 중요한 역할이며, 여전히 철학상담에 대한 가장 큰 사회적 요청이기도 합니다. 그러나 라하브가 생각하는 철학실천은 단지 문제 해결에만 그 목표를 두지 않습니다. 철학실천은 일상적인 자신의 삶을 철학적으로 검토하여 삶에 대한 자신의 좁은 태도를 넘어서고, 삶의 새로운 지평을 열며, 자신과 세계에 관한 더 넓고 깊은 이해와 지혜를 개발하는 데 그 고유한 목적이 있습니다. 철학실천이 단지 문제 해결에만 관심을 둔다면 이는 불편한 동굴에서 보다 편한 동굴로 옮긴 것에 불과합니다. 동굴 밖의 실재에 관심이 없다면, 동굴의 비유도 그 의미를 잃고, 지혜의 획득이라는 철학 본래의 목표는 사라집니다. 라하브의 철학실천은 지혜를 향한 플라톤적 열망, 내적인 풍요로움과 해방을 강조합니다. 내가 나의 좁은 울타리를 넘어서서, 내가 '나'라고 부르는 나의 일상적 패턴과 경향성을 넘어서서, 나는 내가 생각하는 나 이상임을 발견하는 것이 라하브가 말하는 철학실천의 고유한 목적입니다.

이 책에서 소개하는 철학친교는 이러한 철학실천의 목표를 추구하기 위해 라하브가 새로 고안한 철학실천의 특별한 한 유형입니다. 지금까지의 철학실천은 크게 두 유형으로 분류될 수 있습니다. 하나는 철학상담이고, 다른 하나는 '소크라테스 카페'와 같은 철학토론 모임입니다. 전자는 철학의 근원적인 문제보다는 개인적인 삶의 문제에 집중하게 되고, 후자는 철학적 문제에 보다 집중할 수 있지만 구체적인 개인의 문제를 다루는 데 한계가 있습니다. 제3의 철학실천인 철학친교는 철학상담보다는 더 철학적이며, 철학토론 모임보다는 보다 개인적인 구체적 삶을 담아내는 형식입니다.

라하브의 글은 매우 명료하며 군더더기 없이 깔끔하므로 본문에 앞서 그 내용을 해설할 필요는 없다고 생각합니다. 다만 우리말로 옮기기 어려운 몇 가지 중요한 용어들이 독자들에게 불편을 줄 것이라 예상됩니다. 특히 라하브가 자신의 생각을 표현하기 위해 특별히 만든 몇 가지 용어는 영어에서도 우리말에서도 어색함을 피하기 어렵습니다. 그러한 표현 중 몇 가지를 설명하자면, 첫째는 '함께함 안에서'(in togetherness)라는 말입니다. 이것은 그냥 '함께'(together)와는 다릅니다. 우리는 평상시에 자주 함께 이야기하고, 함께 토론하며 의견을 나눕니다. 그러나 이런 식의 일상적인 함께함은 철학친교에서 요구하는 함께함이 아닙니다. 우리가 하는 일반적인 토론에서는 각자 자신의 견해를 말하고, 타인의 견해에 대해 동의하거나 반대할 수 있습니다. 이때 우리는 각자 자신의 관점을 지니고 있으며 자기 생각의 주인으로서 타인의 관점과 견해를 만납니다. 그러나 철학친교에서는 이러한 관점의 분리를 버려야 합니다. 마치 재즈 악단에서 한 연주자가 다른 연주자들에게 공명하면서 자신의 음악을 연주하고, 이를 통해 전체로서 하나의 곡을 만들어가듯이, 철학친교에서는 나의 관점을 고집하지 않고 전체 모임의 사유를 함께 만들어갑니다. 이것이 철학친교의 '함께함'이며, 이를 표현하기 위해 라하브는 '함께'(together)라는 자연스러운 표현 대신에 '함께함 안에서'(또는 '함께함 가운데,' in togetherness)라는 어색한 표현을 사용합니다.

이러한 특별한 의미의 '함께함'에 참여하려면, 즉 '함께함 안에서' 사유하려면 그에 걸맞은 마음의 태도를 지녀야 합니다. 여기서 우리의 평상시 태도는 적절하지 않습니다. 우리는 평상시에 대체로 관찰자의 태도를 지닙니다. 책을 볼 때도 그 내용에 관하여(about) 생각하고, 남의 의견을 들을 때도 그것에 관하여(about) 생각하고 반응합니다. 이러한 관찰자의 태도는 '함께함'과 어울리지 않습니다. '함께함 안에서' 생각하기 위해서는 책의 내용과 함께(with) 그 것으로 생각하고, 남의 의견과 함께(with) 그것으로 생각하는 게 중요합니다. 이렇게 함께 하는 내적(마음의) 태도를 라하브는 관조적 태도라고 부릅니다.

'관조'(contemplation) 및 '관조적 태도'를 설명하기 위해 라하브는 우리의 마음을 하나의 공간에 비유합니다. 우리도 나의 마음이 "바다같이 넓다"거나 "바늘 하나 꽂을 자리 없다"는 식의 비유를 사용하듯이 말입니다. 관조를 위해서는 우리의 마음 깊은 곳에 빈 공간을 만듭니다. 이것을 라하브는 내적 공간, 내적 차원. 내적 깊이 등으로 표현합니다. 그곳은 평상시의 내가 사용하지 않는 잠재적인 나의 내적 자원입니다. 우리의 일상적 '나'는 광대한 인간 실재(human reality)의 매우 협소한 한 부분에 불과합니다. 내가 지금 느끼고, 사유하고, 희망하고, 반응하는 '나'는 나의 실재의 한 부분이며, 나의 실재는 독립적인 원자로서의 나 하나가 아닙니다. 나의 경향성과 나의 패턴에 의해 한정된 일상의 '나'를 넘어서 인간 실재의 더 넓은 지평을 여는 것이 바로 관조이며, 나의 실재가 자신을 드러내도록 하는 탐구자의 태도가 관조적 태도입니다.

그러기 위해 나의 일상적인 사유 패턴, 특히 관찰자적 태도를 내려놓는 것이 중요합니다. 그리고 재즈 밴드의 연주자가 동료 연주자의 연주에 공명하듯이 자신을 여는 태도가 곧 관조적 태도라고 할 수 있습니다. 이러한 태도를 라하브는 '안에서 말하기'(speaking from), '안에서 듣기'(listening from)라고 표현하기도 하며, 또는 잠재적인 나의 내적 공간, 내적 깊이, 내적 차원에서 말하고 듣는 것이라고 표현하기도 합니다. 그래서 '안에서 듣기'는 내 안에서 깊이 공명하는 인간 실재의 목소리를 경청하는 것이며, '안에서 말하기'는 원자적 자아가 아닌 열린 자아가 깊이 공명하는 생각을 표현하는 것입니다. 이것을 라하브는 또 다른 비유로 표현합니다. '나'는 나의 실재, 인간 실재가 자신을 표현하는 하나의 악기이며 입과 같습니다. 라하브가 '목소리 주기'(giving voice)라고 표현한 것이 바로 이러한 비유에 기초하고 있습니다. 라하브가 이러한 비유에 의존하는 이유는 아마도, 나의 일상적 세계를 넘어선, 나의 동굴을 벗어난 자유로운 세계는 아직 무엇이라 규정할 수 없는 열린 세계이기 때문입니다. 중요한 것은 내가 일상적인 마음의 틀에서 벗어난다는 점입니다.

이제 라하브의 철학친교에 대해 제기될 수 있는 세 가지 문제에 대해 간략하게 보충하고자 합니다. 첫째는 철학친교의 핵심인 '함께함'에 관한 문제입니다. 철학친교에서는 친교에 참여하는 친구들과 함께 하며, 그리고 철학 텍스트와 함께합니다.(그래서 텍스트 선정이 매우 중요합니다. 철학친교에 적합한 텍스트는 철학적 깊이를 지닌 철학 텍스트이어야 하며, 철학 고전에서 발췌하는 게 좋습니다. 라하브와 그의 동료들이 사용해 온 텍스트는 그의 웹사이트 (www.philopractice.org/topics)에서 확인하고 참고할 수 있습니다.) 텍스트 및 친구들과의 함께함을 위해서는, 즉 공명하기 위해서는 그 관념이나 이론에 동의하거나 반대하거나 분식하지 않는 게, 즉 평상시 모임이나 학회 등의 토론에서 취하는 태도를 버리는 게 중요합니다. 그런데 서로 반대되는 또는 모순으로 보이는 두 견해가 어떻게 공명하고 공존할 수 있는지 의문이 생길 수 있습니다. 물론 동일한 것에 대해 동일한 시간에 동일한 관점에서 서로 모순되는 두 견해가 공존할 수는 없습니다. 그러나 외견상 모순으로 보이는 견해들은 실재의 서로 다른 측면을 다른 관점에서 본 것일 수 있습니다. 우리가 동일한 것을 동일한 관점과 시점에서 본다는 것이 사실은 더 어려운 일이며, 그것은 추상적인 차원에서만 가능한 것일 뿐 구체적인 삶의 세계에서는 무한한 다양성이 존재합니다. 그래서 구체적 삶과 연관된 이론이나 관념은 '함께함' 안에서 공명할 수 있습니다.

둘째는 철학친교와 삶의 구체적인 문제 해결과의 연관성입니다. 철학친교는 상담과는 달리 문제 해결에 초점을 두지 않는다고 라하브는 말합니다. 그러나 철학친교가 문제 해결과 무관하다는 의미로 오해되어서는 곤란하다고 봅니다. 철학친교가 문제 해결을 목표로 삼지는 않지만, 그 부수적인 치료의 효과는 무시할 수 없습니다. 어쩌면 보다 근본적인 문제 해결의 방식일 수도 있습니다. '함께함'을 통한 나의 존재 지평의 확대는 나의 좁은 세계관, 나의 동굴에 대한 자각을 동반하며, 이는 나의 세계관에서 비롯한 삶의 구체적 문제에 대한 근본적인 반성을 일으키기 때문입니다. 우리는 종종 직접 목표로 삼으면 더 얻기 어려운 것이 있음을 체험합니다. 행복이나 쾌락과 같은 것이 그렇습니다.

그리고 마음의 문제 중에도 그러한 것이 많이 있으며, 그런 경우에는 철학친교를 통한 간접적인 효과가 더 치료에 도움이 될 수도 있다고 봅니다.

셋째는 인간 실재에 대한 깊은 이해, 내적 해방 및 풍요로움의 경험, 자기 변형, 나의 동굴에서 벗어남 등으로 표현된 철학친교의 목표에 관한 의구심입니다. 다양하게 표현된 철학친교의 목표는 한마디로 말하면 초월입니다. 그런데 라하브의 철학실천에서 의미하는 초월은 신비적이거나 특정 종교와 연관된 것이 전혀 아닙니다. 라하브가 다른 글에서 사용한 비유를 소개하겠습니다. 유아기에서 아동기로 발달하는 과정에서 아이는 자기중심적 관점에서 벗어나 더 큰 지평의 열림을 경험합니다. 예컨대 세 살짜리 아기는 다른 사람이 자신과는 다른 관점을 가질 수 있음을 이해할 능력이 없습니다. 그래서 자신과 전화하는 상대방에게 강아지를 가리키면서 상대방도 보리라고 믿습니다. 또는 우는 다른 아이에게 자신이 좋아하는 장난감을 주면서 자신과 같이 위로받을 수 있다고 믿습니다. 그런데 이 시기를 지나면 아이는 자신과는 다른 관점들이 있음을 이해합니다. 그리고 우리는 모두 이 시기를 거쳐 왔습니다. 이것이 지혜를 얻는 과정과 유사합니다. 지혜란 자기중심적 경계를, 나의 동굴을, 나의 좁은 세계관을 초월하는 끊임없는 과정이며, 이것이 철학친교의 목표입니다. 자기중심적 관점에서 벗어난 아이가 보는 세계가 이전과는 새로운 다른 세계가 아니듯이, 나의 동굴 밖의 세계는 신비한 다른 세계가 아닙니다. 아이는 똑같은 사물을 보지만 이제는 더 넓고 깊은 의미를, 그것과 연관된 더 넓은 실재를 이해합니다.

이 작은 책에 대한 소개가 너무 길어졌습니다. 이 머리말의 자리를 내어 준 라하브에게 감사의 마음을 보냅니다. 그리고 라하브를 한국으로 초청하고 개인적으로 소개해주신 한국철학상담치료학회 회장 이영의 교수님께도 감사드립니다. 저의 오랜 벗이며 한국에 철학실천의 씨앗을 뿌린 이진남 교수와의 인연과 고마움은 단지 감사의 말로 표현할 수가 없습니다. 저와 함께 이 책을 바탕으로 철학친교를 시작한 명지대학교 사회교육대학원 철학상담치료학과 학생들에게 친교를 함께 하는 친구로서 감사의 마음을 전합니다. 그리고 번역 원고를 검토하면서 잘못 쓴 우리말을 바로잡아 주신 철학상담치료사 박진희 선생님께 감사드립니다. 한국어를 모르는 출판사를 대신하여 편집을 도와준 딸 편아롬에게도 고마움을 전합니다.

제 1 장

일반 원리

철학친교란 무엇인가?

철학적-관조적 친교(philosophical-contemplative companionship), 또는 줄여서 '철학친교'는 주중에 한번 또는 주말에 직접 만나거나 온라인으로 만나 철학 텍스트를 함께 관조하는 사람들의 모임이다. 중요한 것은 이것이 몇 가지 이유로 일상적인 토론 모임과 다르다는 점이다. 첫째로, '친교'라는 말이 함축하듯이, 친구들 사이의 관계가 매우 특별하다. 참가자들이 자신들의 의견을 표현하고 나누는 토론 모임과는 달리, 철학친교의 친구들은 텍스트와 그리고 각 참가자와 '공명'하면서 함께 생각한다. 둘째로, '관조적'이라는 말이 함축하듯이, 친구들은 그들 존재의 깊은 측면으로부터 사유하고 상호작용한다.

보다 세부적으로는, 철학석-관조적 친교를 다음의 세 요소로 규정할 수 있다. 모임의 **활동**(activity), 그것을 안내해가는 **열망**(aspiration), 그리고 모임의 장기적인 **목표**(goal)

1

이다.

친교의 **활동**에는 세 가지 중요한 특성이 있다.

첫째, 친구들이 철학적 텍스트나 관념을 성찰할 때, 자신의 내적 깊이(inner depth)로부터 성찰한다. 친구들은 자신의 제한적인 또는 피상적인 부분으로부터, 즉 자신의 사유 양식, 자신의 의견, 분석적 태도로부터 사유하거나 상호작용하지 않는다. 친구들은 자신의 내면에게 목소리를 내어준다.

둘째, 친구들은 함께 사유하고 이야기를 나눈다. 친구들은 각자의 관념에 **관해**(about) 사유하는 것이 아니라, 서로 **함께**(with) 사유한다. 재즈 음악가들이 서로 공명하면서 공동의 작품을 함께 창조하듯이, 친구들은 서로 공명하면서 철학적 이해를 함께 발전시킨다. 비유적으로 말하면, 그들은 각자의 분리된 의견을 가지고 마주 보는 것이 아니라 어깨동무를 하고 있다.

셋째, 친구들은 또한 철학적 텍스트나 관념과 함께한다. 그들은 그것으로 일치 또는 불일치를 말하는 것이 아니라 그것에 공명한다.

세 가지 특성을 지닌 이러한 활동은 친구들이 하나의 중심적인 **열망**(aspiration)에, 즉 심원함에의 열망에 따르게 만든다. 이것은 심원한 이해를 경험하려는, 그 심원함을 이해하려는, 심원한 것의 의미를 알아차리려는, 그리고 때때로 심원한 관념을 낳으려는 열망이다. 이 친교가 철학적인 이유가 바로 이것이다. 철학친교는 '흥미로운' 또는 '재미있는' 또는 '유용한' 것이 아니라, 심원한 이해에 관한 것이다. 이것이 또한 철학친교가 함께함을 강조하는 이유이다. 심원함을 위해 나는 자기-연관적인 자기를 넘어, 나의 개인적 관점을 넘어, 멀리 펼쳐진 인간 실존의 더 넓은 지평에 자신을 열어놓아야 한다. 그러므로 크게 보면 심원함은 함께함 안의 심원함(profoundness-in-togetherness)으로 이루어질 수 있다.

심원한 것에 대한 느낌은 우리가 깊이 감동하고 우리 내부의 깊은 것을 깨우도록 해준다. 실제로, 철학친교의 **목표**는 우리 존재의 더 깊은 차원을 깨우는 것이다. 이를 위해 친구들은 자신들의 일상적 사유방식과 존재방식 밖으로 나와서, 다른 내적 태도를, 자신과 다르고 타인들과도 다른 존재의 방식을 개발해야 한다. 친교의 장기적인 목표는 내적 깊이, '내적 차원'이라고도 부를 수 있는 것을 가꾸는 일이다.

모임의 활동, 그것을 안내하는 열망, 그리고 그 목표라는 이 세 요소가 모임을 철학친교로 만들어주는 세 개의 기둥이다.

과정으로서의 철학적 관조

우리는 함께함 안에서 얻는 심원한 관념과 심원한 이해를 소중히 간직하기 위해 관조한다. 우리가 음악에서 아름다움을 소중히 하고, 요리에서 맛을 소중히 하듯이, 우리는 심원한 것을 소중히 한다. 말하자면 심원함이란 철학친교의 '아름다움'이며 '맛'이다.

이는 철학친교가 기본적으로 유형의 결과를 산출하는 방법이 아니라 하나의 과정임을 함축한다. 가장 중요한 것은 결론, 이론, 문제 해결 등의 목적지가 아니라 과정 자체이다. 이 과정이 기쁨을 낳는다면 그 기쁨은 회기(session) 과정에서 얻는 심원함과 함께함의 순간으로부터 온다.

그런 점에서 철학친교의 만남은 상담 회기보다는 음악 연주회에 가깝다. 상담에서 중요한 것은 결과다. 내담자의 자신감 향상, 보다 유능한 행동, 더 나은 가족 관계, 더 높은 자존감 등이다. 상담이 끝났을 때 예컨대 내담자의 불안이 감소하였다면 상담은 성공적이다. 그래서 상담 회기들은 원하는 목적지로 가는 길이다. 길은 그 자체로 중요한 것이 아니다. 다른 방식으로도 동일한 결과를 얻을 수 있다면 길은 줄이거나 건너 뛸 수 있다.

이와 대조적으로 음악 연주회는 연주회가 끝나고 집에 가져갈 결과 산출을 목표로 하지 않는다. 어떻게 하면 연주회가 보다 빨리 동일한 결과를 낳을 수 있냐고 물을 수는 없다. 우리가 연주회에 가는 것은 그 순간순간 연주를 경험하기 위한 것이지 어떤 결과물을 집에 가져가려는 것이 아니다. 단지 마지막에 드러나는 어떤 결과가 아니라 연주회 전체가 중요하다.

이것은 철학친교에도 똑같이 적용된다. 친교에서 의미 있는 것은 회기 과정의 많은 소중하고 심원한 순간들이다. 이것은 함께함 안에서 나오는 심원한 통찰의 순간들, 우리의 작은 자기를 초월하는 순간의 경험들, 우리의 내적 깊이로부터 나오는 통찰의 섬광들, 때때로 밀려오는 영감과 풍요의 파도들이다. 물론 친교 과정의 모든 순간이 이렇다는 말은 아니다. 어떤 순간들은 심원하고 강렬하지만, 어떤 순간들은 그보다 못하다. 친교의 회기가 중단 없는 엑스터시라고 기대할 수는 없다. 실제로 한 회기의 대부분의 순간이 소중한 이유는 기분이 좋거나 강렬해서가 아니라, 그 순간들이 우리의 내적 깊이로 향하는 전체적인 운동의 일부이기 때문이다.

우리가 친교를 하게 되는 동기는 심원함에 접촉하려는, 그리고 그것을 통해 내적 차원에, 우리 실존의 바닥에 접촉하려는 욕망이다. 이 소망은 기본적으로 플라톤적 사랑(Platonic Eros)이다. 그리고 모든 사랑 이야기가 그렇듯이, 모든 순간이 똑같지는 않으며, 모든 순간이 흥분으로 가득차 있는 것은 아니다.

5

회기 중의 의미 있는 순간들 외에도, 철학친교는 장기적인 효과를 지니고 있다. 이 점에서도 철학친교는 음악 연주회와 닮았다. 몇 년 동안 지속한다면 음악 연주회는 우리의 음악적 감수성과 이해를 발전시킬 것이다. 음악을 더 많이 들을수록 우리는 나중에 더 깊이 음악을 이해할 수 있다. 비록 이것이 연주회에 참석하는 주된 이유는 아닐지라도 말이다. 마찬가지로 철학친교 또한 우리에게 장기적인 효과를 미칠 수 있다. 철학친교는 우리의 철학적 감수성과 심원한 것에 대한 이해를 발전시키고, 함께 관조하는 능력을 향상시키며, 우리의 내적 차원을 가꾸어 준다. 우리가 더 많은 관조 활동을 경험할 때, 우리의 관조적 능력과 감수성은 향상될 것이다. 이러한 장기적인 효과가 우리가 회기에 참석하는 이유는 아닐지라도 말이다.

여기서 우리는 친교 회기를 기도에 비교할 수 있다. 우리가 기도하는 이유는 미래에 우리 능력을 향상시키려는 것이 아니라 기도 자체가 의미 있기 때문이다. 기도는 자신이 궁극적 실재를 향하도록 하는 한 방법이다. 그러나 이것이 시간이 지남에 따라 당신의 기도를 더욱 깊고, 더욱 집중하고 강력하게 향상시켜준다는 사실을 부정하는 것은 아니다. 친교는 이러한 나란한 이유들로 인해 의미 있다. 친교는 또한 우리 존재의 깊이와 접촉할 수 있도록 해주지만, 장기적으로는 연습과 경험을 통해 우리의 능력을 향상해준다.

　그렇다면 우리는 철학 친교의 회기가 이런 기도와 같다고 말할 수도 있겠다. 그것은 교리 없는, 성서 없는, 교회나 기관이 없는, 종교적 권위가 없는, 신의 상이 없는 기도이다. 철학친교는 자신을 존재의 깊이로 향하도록, 내적 차원으로 향하도록 해준다. 그리고 장기적으로는 우리의 내적 깊이를 일깨워주고, 그것을 가꾸어줄 수 있다.

철학사에서의 자기-변형(self-transformation)

　우리의 내적 깊이를 가꿀 때, 우리는 우리 자신과 실재를 향하는 우리의 태도를 바꾼다. 그러므로 철학친교의 장기적 목표는 우리 자신을 변형시키는 것이다. 그것은 우리의 일상적인 심리적 패턴과 구조를 넘어 실존의 더 큰 차원을 향하는 것이다.

　물론 이것이 모든 심리적 구속의 제거를 희망한다는 뜻은 아니다. 우리는 결국 인간이며, 우리의 심리 상태를 제거하는 것은 가능하지도 바람직하지도 않다. 그러나 우리의 내적 깊이를 지속해서 가꿈으로써, 우리는 우리의 일상적 자기를 넘어서고 때로는 우리의 심리적 패턴 이상이 될 수 있는 자신의 능력을 점차 발전시킬 수 있다. 이는 내적 해방이며 내적 충만함의 경험으로서, 마치 죄수가 감방을 벗어나 잠깐만이라도 광대한 풍경을 향해 나오는 경험과 같다.

자기 변형의 목표는 그렇게 환상적인 것이 아니다. 사실 그것은 서양 철학의 정신에 충실하다. 역사상 많은 철학자가 더 충만하고 더 깊은 삶을 향하도록 우리 자신을 변형시키는 데 철학이 도움을 줄 수 있다고 믿었다.

예를 들어, 플라톤은 동굴의 비유에서 철학의 목표가 우리가 갇힌 어두운 동굴에서 선과 미와 진리의 태양으로 이끄는 것임을 제시했다. 고대 스토아 철학자들은 감정의 집착에서 자신을 해방하고, 자신 안에서 이성적인 '내적 안내'(inner guide)를 발견하며, 우주와의 조화와 평온함의 태도를 발전시키는 데 철학적 성찰을 사용했다. 스피노자는 우리가 철학적 이해를 진전시킴에 따라 신에 대한 지적인 사랑인 지복의 상태로 나아간다고 말해준다. 루소의 철학은 우리가 평상시 우리 자신으로부터 어떻게 소외되어 있는지, 그리고 어떻게 우리 안의 자연적 자아와 연결할 수 있는지를 보여준다. 니체의 철학은 우리의 작은 자아를 극복하고 초인의 고귀한 삶을 향하도록 우리를 고무시킨다. 에머슨(Ralph Waldo Emerson)은 그가 '초-영혼'(over-soul)이라고 부르는 더 높은 영감의 샘에 우리 자신을 개방하라고 요구한다. 베르그송의 시적인 철학은 더 깊고 전일적인 내적 삶에 대한 직관적 이해를 우리 안에서 발전시킨다. 그리고 이 목록은 계속된다. 나는 이들을 '변형적 사상가들'이라고 부른다.

흥미롭게도, 이러한 변형적 철학자들은 상이한 철학 학파에, 그리고 서로 다른 역사적 시기에 속해 있다. 그들은 다른 개념들을 사용했고 매우 다른 방식으로 인간의 상태를 그렸다. 그럼에도 공통된 주제가 이들 모두를 하나로 묶는다. 그것은 자기-변형의 전망이다. 우리의 일상적 삶은 제한적이고 피상적이지만, 철학은 우리가 감옥을 넘어 더 충만하고 더 풍부하며 더 깊은 삶으로 나아가도록 도울 수 있다는 통찰을 이들은 공유하고 있다.

이 철학자들 모두가 자기 변혁 과정에서 철학에 동일한 역할을 부여한 것은 아니다. 스토아 철학자와 같은 이들은 철학적인 연습이 우리를 변형시킬 힘을 가지고 있다고 믿었다. 루소와 같은 철학자들은 자기 변형의 과정 자체가 철학적일 필요는 없지만 철학은 우리에게 자기 변형의 길을 보여줄 수 있다고 믿었다. 베르그송과 같은 이들은 철학이 우리에게 더 예민한 감수성으로 삶을 바라보는 방법을 가르쳐 줄 수 있다고 믿었다. 또는 니체와 같은 이들은 철학이 우리로 하여금 자기 변화를 위해 일하도록 고무시킬 수 있다고 믿는다. 이러한 차이에도 불구하고 이들 모두는 추상적인 철학으로는 충분하지 않다는 데 동의했다. 자기 변형을 추구한다면, 당신은 인생을 논하는 것 이상을 해야 한다. 당신은 실천하고, 연습하고, 철학적 통찰들을 관조하고,

당신의 내적 태도를 수정해야 한다.

철학친교는 이러한 자기 변형의 역사적 전통에 속한다. 전통적인 변형적 사상가들과 같이 철학친교는 철학에 변형의 역할을 부여한다. 우리의 제한된 삶의 방식을 초월하며, 우리의 내적 깊이를 탐구하고, 자기-변화의 도구를 알려주며, 우리 안의 내적 차원을 일깨울 수 있도록 돕는 방법을 보여주는 것이 철학의 역할이다. 변형적 사상가들과 마찬가지로 철학친교는 논리적 분석, 논쟁적 토론, 그리고 이론적 대화 등으로 자신을 한정하지 않는다. 철학실천은 실제적인 실천의 중요한 요소들을 통합한다.

그러나 다양한 변형적 사상가들이 서로 다른 변형의 전망을 지니고 있듯이, 철학친교 또한 고유한 접근 방법을 지니고 있다. 보다 정확히 말하면, 철학친교는 어떤 하나의 접근 방법을 따르지 않는다. 자신의 이론이 모든 사람에게 적용되기를 원하는 전통적인 사상가들과는 달리, 철학친교는 어떤 하나의 관점을 따르지 않는다. 철학친교에는 인간 본성에 관한, 그리고 우리 자신을 어떻게 변형시켜야만 하는지에 관한 기성 이론이 없다. 철학친교는 참가자들이 각자의 길을, 자신의 고유한 방법으로 자신의 길을 탐색하도록 권장한다.

철학친교의 탄생

철학친교는 철학실천 운동의 맥락에서 탄생했다. 철학실천은 철학이 평범한 일상인과 연관된다고 믿는 전 세계 철학자들의 운동이다. 철학은 단지 학계의 철학자들과 대학 과정만을 위한 것이 아니라 버스 기사 메리나 은행원 존을 위한 것이기도 하다.

철학이 삶에 필요한 이유는, 철학이 기본적인 삶의 문제들, 그리고 모든 사람의 삶에서 드러나는 다음과 같은 문제들에 관계하기 때문이다. 참된 사랑이란 무엇인가? 나의 도덕적 의무는 무엇인가? 신은 존재하는가? 나의 삶을 어떻게 의미 있게 만들 것인가?

1980년대 초에 이 운동이 탄생하면서, 철학실천가들은 두 가지 주요한 형식(포맷)을 사용해왔다. 첫째는, 일대일의 상담 형식으로서, 철학상담가가 몇 회기 동안 내담자를 만나는 것이다. 두 사람은 심리상담에서처럼 내담자의 개인적 관심사와 문제를 논의하지만, 철학적 사유의 도구들을 사용한다. 철학실천가들이 사용하는 둘째 형식은 이른바 철학 카페, 소크라테스식 대화 모임 등으로 불리는 토론 모임이다. 오랫동안 이 두 가지가 이 분야의 주요 형식이었다. 이 형식들은 매우 부분적인 성공을 거두었지만 많은 고객을 끌어들이지는 못했다.

나는 이 두 가지 형식 모두 철학실천의 전망(vision)에 비추어 이상적이 아니며, 둘 다 삶에 접촉하는 철학의 잠재력이 부족하다고 믿는다. 철학토론 모임은 비개인적인 토론이기 때문에 삶에 접촉하는 능력이 제한적이다. 철학상담은 철학적인 삶의 문제에 접근하기보다는 개인적인 문제와 관심사에 초점을 맞춘다. 거기서는 철학이 목표로 하는 지혜와 이해가 아니라, 내담자가 보다 낫게 느끼고 더 잘 기능하도록 만드는 데 목적이 있다. 그래서 그것은 완전한 철학적 활동이 아니다.

이 두 형식을 무시한다는 말은 아니다. 이 형식들이 사람들이 자신에 관해 생각하고 성찰하는 것을 돕고, 개인적인 문제 해결에 도움이 된다면, 이는 훌륭한 일이다. 그러나 삶에 접촉하고 삶을 고양하는 철학실천의 전망에 비추어보면 그것들이 가장 좋은 방법으로 보이지는 않는다.

철학친교는 철학실천의 제3의 형식으로서, 상담 보다는 좀 더 철학적이고 토론 모임보다는 좀 더 개인적인 형식이 되도록 만든 것이다. 현재 이 형식은 전 세계 철학실천가들의 온라인 모임인 아고라(www.philopractice.org)에서 추진되고 있다. 그러나 아고라 기획이 이 형식을 탐구한 최초는 아니다. 철학하기(philosophizing)와 관조를 결합한 앞선 실험적인 친교가 몇 가지 있었다.

2005년에 나는 스페인의 호세 바리엔토스(José Barrientos)와 함께 관조 철학(contemplative philosophy) 피정을 기획했다. 그것은 남부 스페인에서 열렸으며 참가자 중에는 여러 나라에서 온 14명의 철학자들이 있었다. 그것은 각 참가자들이 자기 나름의 세션을 열어 모임을 하는 평등주의적인 행사였다. 그 활동들은 유망해 보였지만 명확한 초점이 없었다. 우리는 우리가 한 일을 충분히 이해하지 못했다.

2006년에 나는 몇몇 유럽 국가의 철학실천가들 모임을 조직했고, 국제적인 '철학친교'를 함께 시작했다. 우리는 두 번에 걸쳐 모였는데, 한 번은 이탈리아 피렌체에서 네리 폴라스트리(Neri Pollastri)가 조직한 모임이었고, 두 번째는 핀 한센(Finn Hansen)이 조직한 덴마크에서의 모임이었다. 이 두 번의 모임은 흥미로웠지만, 이 역시 우리가 한 작업에 대한 우리의 개념이 충분히 개발되지 못했다. 우리는 철학 실천을 하는 새로운 방법을 찾고 싶었고, 우리의 전망이 모임을 통해 명료하게 드러나기를 희망했었다. 그러나 그런 일은 일어나지 않았다. 한동안 우리는 온라인으로 대화를 계속했지만, 몇 달 만에 그 모임은 죽었다.

이 실험들에서 내가 얻은 결론은 철학친교의 보다 분명한 비전이, 즉 그 목적과 원리와 절차 등이 개발될 필요가 있다는 것이었다. 전망은 그 스스로 존재하게 되는 것이 아니다.

이후 몇 년 동안 나는 철학하기와 관조를 결합하는 다양한 철학 워크숍과 모임들을 실험했다. 그리고 2014년에 페루의 카르멘 자발라(Carmen Zavala)와 나는 아고라 프로젝트를 시작했다. 이 프로젝트는 현장에서 다양한 생각과 접근법을 제안할 수 있도록 만든 웹사이트(www.philopractice.org)를 중심으로 돌아가지만, 또한 각 개인이 자신의 철학적 전망을 드러내고 발전시킬 수 있도록 설계되었다.

우리는 소규모의 관심 있는 철학자들을 모아 온라인 철학친교에 대한 생각을 실험하기 시작했다. 첫 번째 실험을 통해 그것이 유망하다는 것은 입증했지만, 우리의 전망과 방법을 명확히 하고 명료하게 만드는 데는 몇 달이 걸렸다. 우리의 궁극적인 목표는 다원적이다. 우리는 앞으로 다양한 철학실천가들이 다양한 방향에서 이 형식을 발전시키기를 희망한다. 그러나 이전의 경험을 통해 내가 배운 것은 분명하고 규정된 출발점에서 시작해야 하며, 그렇지 않으면 더 이상 앞으로 나아갈 수 없다는 사실이다.

2015년 12월, 우리는 우리의 접근법이 분명하고 충분하다는 생각에 아고라 웹사이트에 친교를 위한 새 페이지를 열었고, 이 형식을 따르는 국제적인 모임들을 안내하기 시작했다. 철학친교는 서로 만나서 실천할 수 있는 것이지만, 지금까지 우리는 온라인 버전에 초점을 맞추어 왔다. 우리는 다른 철학자들이 이 형식의 대면(face-to-face) 버전을 계속 개발해주기 바란다.

제 2 장

기본 개념들

철학친교가 작동하는 방식의 중심에는 몇 가지 개념들이 있다. 그것은 심원함, 내적 차원, 내적 태도, 안으로부터 말하기, 관조하기, 목소리 주기, 함께 함, 공명 등의 개념이다.

심원함의 의미

요리에서는 맛있는 것을 바라고 예술에서는 아름다운 것을 바라듯이, 철학친교에서 우리가 바라는 것은 심원한 이해이다. 철학친교는 재미있거나 즐겁거나 유용한 것을 추구하는 것이 아니라 심원한 파악과 관념을 낳고 우리가 그 심원함을 이해하도록 돕는 것이다. 심원함의 의미 없이 성공적인 친교를 말하는 것은 마치 맛과 무관하게 성공적인 저녁 식사를 말하는 것처럼 무의미하다.

그럼에도 심오함이라는 것은 미리 정의해야 할 무엇이 아니다. 심원함의 의미는, 그 본성상 숨겨져 있고, 잠재적이며, 점차 깨어나기를 기다리고 있다. 그러므로 그것은 미리 정의되는 문제가 아니라 개인적으로 끊임없이 개발되는 지속적인 탐구의 문제이다. 그 탐구는, 요리가 맛의 정의에 관한 것이 아니듯이, 심원함의 정의에 관한 것이 아니라 우리의 감각과 이해의 개발에 관한, 심원함의 '맛'을 개발하는 것에 관한 것이다. 마치 요리사가 음식의 맛을 개발하듯이 말이다.

이러한 탐구를 통해 우리가 얻는 것은 항상 심원함이 우리에게 미친 효과를 통해 심원함을 깨닫게 된다는 것이다. 우리가 심원하다고 이해한 철학적 텍스트를 만나면, 그것은 우리를 고무시키고, 우리를 움직이며, 우리 안에 외경의 마음을 일으킨다. 그것은 우리의 내적 깊이를 자극하는데, 여기서 우리는 심원한 관념들과 개인적인 내적 깊이 간의 친밀한 연관을 발견한다.

심원함은 또한 철학함과 긴밀히 연관된다. 내가 하나의 관념을 심원한 것으로 경험하면, 나는 그것을 인간 실존의 근원적인 무엇을 자극하는 것으로 이해하게 된다. 철학함이 심원함을 일깨우는 특별한 잠재력을 갖는 이유가 바로 이것이다. 철학이란 결국 기본적인 삶의 문제를 다룬다.

끝으로 심원함은 또한 함께함(togetherness)과 연관된다. 내가 심원함의 의미를 경험할 때 나는 단지 마음속에 하나의 추상적 관념을 갖는 것이 아니다. 나는 자극 받고 움직

여지며, 고무되기도 하면서 심원함을 이해하게 된다. 그러기 위해서는 내가 텍스트와의 만남에 관여하고, 그 관념과 함께(with)해야 하고, 그것이 드러내는 실재와 함께(with)해야 한다. 또한 텍스트와의 이러한 함께함은 나 혼자만의 관조를 통해서도 성취될 수 있지만, 친구와의 함께함에 의해 더욱 풍요로워질 수 있다. 내가 타인과 함께함 안에서(in togetherness) 관조할 때 나는 그들의 경험과 관점을 향해 열린다. 그것은 나를 자기 폐쇄적인 세계를 넘어 삶의 더 넓은 지평으로 데려간다. 나는 이제 공유된 인간 실재에 참여하는 다른 동료 인간 중의 하나이다. 그러면 나는 텍스트와의 함께함뿐만 아니라 나의 동료 관조자들과의 함께함이라는, 함께함의 모드(the mode of togetherness)에 있게 된다.

그러므로 심원함의 경험은 일종의 드러남인데, 내가 인간 실재에 '관해 생각'(think about)하면서 드러나는 것이 아니라, 내가 그것과 함께(with)하면서 드러나는 것이다. 바로 이것 때문에 그것은 강력하고 고무적이다. 그것이 나에게 흥미로운 이론이나 명석한 관념을 제공해주기 때문이 아니라, 나 자신보다 더 큰 실제적인 무엇에 내가 참여하도록 만들기 때문이다.

내적 차원(inner dimension)

심원한 관념 및 이해와의 만남을 통해 철학친교는 우리

가 내적 차원을 지향하고 그것을 가꾸도록 해준다. 하지만 '내적 차원'이란 무슨 뜻인가?

　이 물음에 대한 답은 내가 앞서 변형적 철학자들이라고 부른 철학자들의 저술 속에서 찾을 수 있다. 그들이 '내적 차원'이라는 말을 사용한 것은 아니지만, 그들의 전망은 같은 방향을 가리키고 있다. 이것이 놀랍게 들릴 수도 있는 이유는, 그들의 변형적 전망은 서로 매우 달라 보이고 공통점이 전혀 없어 보이기 때문이다. 예컨대 스토아 철학자 마르쿠스 아우렐리우스는 우리가 이성을 통한 자기 통제의 상태에 도달하기를 요구하는 반면에 베르그송은 분석될 수 없는 전일적인 흐름을 지향한다. 니체는 의지력과 자기 긍정을 향한 변형을 생각하는 반면에 에머슨은 우리 안에서 활동하는 숨겨진 근원에 대한 감수성을 생각한다.

　이러한 차이에도 불구하고, 이 사상가들에게는 공통점이 많이 있다. 첫째, 그들은 모두 변형 이전의 우리의 일상적 삶은 고정된 양식과 구조로 제한되어 있으며, 자동적인 심리적 힘에 의해 통제된다고 말한다. 둘째, 그들은 변형 이전의 우리의 상태에 대해서는 상세하게 기술하지만, 변형된 상태에 관해서는, 다시 말해 변형이 이루어진 다음의 삶에 관해서는 거의 말하지 않는다. 이는 그들이 생각하는 변형된 상태가 일반적 규정에 따르지 않음을 시사한다. 우리의 평상시 상태는 굳은 패턴으로 한정되어 있으므로 쉽게 기술될 수 있지만, 변형 이후의 내적 삶은 구조와 패턴으로부터 자유롭다. 그것은 일반적인 틀에 짜 넣을 수 없다. 그래서 이 사상가들이 생각하는 변형은 일상의 파편화를 넘어선 내적 자유와 전체성의 상태이다.

또한 변형된 상태는 (고요한 또는 열정적인) 내적 에너지, 영감, 자발성, 풍요로움, 충만함, 깊이 등과 연관된다. 어떤 사상가들은 내적 고요와 평화를 언급하기도, 어떤 사상가들은 흐름을 언급하기도 하는데, 이는 변형된 상태가 갖는 강력함의 두 가지 형식이라고 볼 수 있다.

더욱이 이 철학자들은 모두 변형된 상태가 드물고 소중하다고 말하며, 우리의 일상적 상태와 매우 다름을 강조한다. 이것은 우리가 평상시에는 충분히 깨닫지 못하는 인간 실존의 잠재력이다. 우리에게 친숙한 일상적 삶은 우리의 광대한 잠재력의 협소한 조각이며, 우리 존재의 제한된 일부분이다. 우리의 내적 자원의 대부분은 보통 사용되지 않고 있으며 잠재적이다.

이러한 철학적 전통에 따라, 철학친교의 장기적인 주요 목표는 우리 존재의 잠재된 이 차원을 탐구하는 것이다. 물론 '차원'이라는 말은 비유다. 그것은 기하학적 의미의 차원이 아니다. 이 용어는 그것에 관한 특정한 교리(dogma)를 피하기 위해 의도적으로 모호한 의미를 갖도록 고안한 말이다.

그래서 우리가 목적으로 삼는 '내적 차원' 또는 '내적 깊이'는 개인적으로 발견해야 하는 무엇이지 미리 규정할 수 있는 것이 아니다. 그것은 실재성(realness)과 충만함의 느낌을 주는 전체적이며 깊이 있고 내적으로 자유로운 소중하고 드문 상태이다. 이것에 관해서는 이러한 일반적인 기술 이상의 이론적 기술이 불가능하다. 우리가 그것을 개인적으로 찾아야만 한다.

내적 태도(Inner attitude)

우리가 심원함이나 내적 차원에 관한 이론을 마련하고 분석하는 것만으로는 심원한 것을 설명할 수 없고, 우리의 내적 차원에 접근할 수 없다. 사랑하기, 희망하기는 사랑이나 희망에 대해 생각하는 것과 다르듯이, 마찬가지로 내적 차원과의 연결은 그것을 논의하는 것과 다르다.

이것이 말이 소용없다는 의미는 아니다. 문제는 말 자체에 있는 것이 아니라, 우리가 말을 사용하는 방법이다. 보다 자세히 말하면, 문제는 우리가 말하거나 생각할 때 우리가 취하는 **내적 태도**다. 말은 강력하고 유연한 도구이다. 말은 기술하는 데도, 사랑의 노래를 부르는 데도, 신에게 기도하는 데도, 불평하고 놀라고 고무시키는 데도 사용된다. 그러나 관조적 방법으로 말을 사용하려면, 내적 차원에 도달하기 위해 말을 사용하려면, 이에 적합한 내적 태도로 사용해야 한다.

'내적 태도'의 의미를 명료하게 이해하는 데 다음과 같은 비유가 도움이 될 것이다. 당신이 저기 멀리 있는 나무를 기술하라는 요청을 받았다고 상상해보자. 이제 당신의 몸과 마음에 어떤 일이 일어나는가? 당신은 당신 밖에 멀리 떨어져 있는 저 나무를 향해 주의를 기울이게 된다. 노력하는 느낌과 함께 당신의 몸은 긴장하고 당신의 주의는 저 먼 물체에 집중한다. 당신은 자신의 기분과 몸을, 그리고 친구와 함께 있다는 느낌과 자연 속에서 느끼는 유쾌한 편안함을 자신의 마음에서 밀어낸다. 이제 당신의 전 존재는 관찰자의 입장에 있으며, 저기 바깥의 지점을 향하고, 외부 사물에 집중한다. 이것을 우리는 외적 관찰자가 취하는 내적 태도라고 부를 수 있다.

외적 관찰자의 태도와 다소 유사한 태도가 우리 안의 것을 기술하는 데에도, 예컨대 두통이나 즐거운 느낌을 기술하는 데서도 드러날 수 있다. 두통이나 즐거움은 물리적 공간의 관점에서 보면 외부의 대상이 아니지만, 그것을 기술해보라고 하면 나는 그것을 내 마음의 눈앞에 하나의 대상으로 놓는다. 나는 나 자신과 분리된 무엇을 조사하는 관찰자의 태도를 취한다. 마찬가지로 나 자신을 기술해보라고 하면, 나는 나 자신을 분리한다. 나 자신을 관찰자로서의 나 자신과 관찰 대상으로서의 나 자신으로 분리한다.

우리는 자신도 모르게 외적 관찰자의 태도에 익숙해져 있다. 그러나 이 태도는 다른 태도들과 비교할 때 눈에 띈다. 예를 들어, 우리가 나무 밑에 앉아 기대어 쉴 때, 우리는 더 이상 관찰자가 아니며 더 이상 우리 자신을 열심히 뻗어 저기 떨어져 있는 대상을 향하지 않는다. 우리는 이제 다른 자세를 취하고 있다. 우리는 나무와 **함께**하며 환경 전체와 **함께**한다. 우리의 내적 태도는 세계와 고요하게 떠 있는 태도다. 마찬가지로 우리가 나무에 기어 올라갈 때, 우리는 그 저항에 맞서 싸우며, 가지를 옆으로 제치고 밀고 당긴다. 우리는 먼 대상에 집중하는 것도 아니고, 환경과 함께 고요히 떠 있는 것도 아니다. 우리의 내적 태도는 나와 장애물이 맞서는 내적 태도이다. 또는 숲속을 걷거나 그 아름다움에 놀랄 때, 우리는 손을 뻗어 모든 것을 안고 싶다. 우리는 세상을 향해 흘러나와, 나의 경계를 넘어 사방으로 나를 확장한다. 이것을 확장하는 내적 태도라고 부를 수도 있다. 마지막 예를 하나 더 들자면, 우리가 나무에 관한 시를 쓸 때 우리의 바쁜 자아는 침묵하며, 수용적으로 되고, 우리 마음 속에서 형성되는 시구절의 소리에 주의를 기울인다. 분명히 이러한 각각의 상황에서 우리는 다른 내적 태도를 갖게 된다.

우리의 내적 태도는, 말하는 방식을 포함하여, 많은 요소에 의해 형성된다. 이것을 알려면 불평하거나, 누군가에게 감사하거나, 무언가를 요청해보라. 그러면 우리의 내적 태도가 어떻게 변하는지 알게 된다. 당신 몸의 자세를, 얼굴 표정을, 마음 상태를 관찰해보라. 당신의 말이 당신의 태도에 영향을 미치고, 이는 당신의 전 존재에 영향을 미침을 깨닫게 될 것이다.

그래서 우리가 말하는 방식은 우리가 취하는 내적 태도에 색을 입히는데, 이는 우리가 말하는 내용보다도 기본적으로 말하는 방식 때문이다. 무엇에 관하여 말하면, 즉 기술하고, 설명하고, 분석하면, 우리는 하나의 내적 태도를 취하게 되지만, 불평하거나 요청하거나 시를 낭송하면 우리는 매우 다른 내적 태도를 갖게 된다. 이러한 내적 태도들은 각각 우리 안의 다른 근원들을, 다른 감수성들을, 다른 내적 행위들을, 다른 능력들을 포함한다.

이 모두가 철학친교에 중요한 함축을 지니고 있다. 우리가 관조적으로 철학하기를 원한다면, 심원한 것의 의미를 일깨우고 싶다면, 문제는 단지 **무엇**을 말하느냐가 아니라 그것을 **어떻게** 말하느냐이다. 철학하기가 우리의 내적 깊이를 지향할 수 있으려면, 적합한 내적 태도를 취해야만 한다.

안에서 말하기(speaking from), 안에서 듣기 (listening from)

은유적으로 말하자면, 우리가 사용하는 말은 우리 안의

다른 '장소들'로부터 온다고 할 수 있다. 어떤 방식의 말이 관찰하는 마음에서 나온다면, 다른 방식의 말은 감정으로부터, 또는 내적 침묵으로부터, 또는 심미적 감수성으로부터 나온다. 이것은 물론 은유다. 우리가 우리 마음속이나 뇌의 지리적 위치에 관해 말하는 것은 분명 아니다. '안에서 말하기'라는 비유를 통해 우리는 말을 사용하는 다양한 방식이 우리 안의 다양한 자원을, 다른 감수성과 능력과 잠재력을 활성화한다는 사실을 상기하게 된다.

마찬가지로 우리는 우리 안의 다른 장소로부터 들을 수 있다. 다시 말하면, 우리는 듣는 행위를 하면서 우리 안의 다른 자원들을 활성화할 수 있다. 우리는 텍스트에 있는 말을 분석하고 평가하는 분석적 태도로 들을 수 있고, 또는 말의 흐름이 지닌 리듬과 아름다움을 느끼는 시적 감수성으로 들을 수도 있으며, 또한 텍스트에 있는 관념이 우리의 내적 깊이에서 공명하는 방식으로 심원한 것을 느끼는 감수성으로 들을 수 있다.

따라서 말하기와 듣기는 관조적 태도를 발전시키는 강력한 도구가 될 수 있다. 내가 분석적 태도로 듣고 말하기를 할 때, 나는 나의 분석적 능력을 활성화한다. 내가 나의 시적인 마음으로 듣거나 말할 때, 나는 나의 시적인 성향과 감수성을 활성화한다. 내가 나의 사회적 자아'에서(로부터)' 듣거나 말할 때, 나는 나의 사회적 감성을 활성화한다. 마찬가지로, 내가 나의 내적 차원'에서(으로부터)' 듣거나 말할 때, 나는 심원한 것에 민감한 나의 측면을, 나의 내적 차원과 연관된 측면을 활성화한다. 내적 차원의 이러한 측면들은 대부분의 시간 동안 휴면 상태에 있다. 우리는 너무 바쁘게 돌아다니고, 견해를 밝히고, 실천적인 결정을 내리고, 판단하고, 계산한다. 우리의 내적 차원은 종종 활성화되지 않는다. 그리고 그것이 활성화되지 않으면, 그것은 잠들고, 줄어들고, 쇠퇴하기도 한다. 우리가 활용하지 않는 것은 서서히 사라져간다.

우리의 내적 차원을 가꾸기 위해서는 그것을 활용할 필요가 있다. 우리가 내적 차원'에서' 듣고 말할 때, 다시 말해 심원한 것에 대한 우리의 감수성'에서' 듣고 말할 때, 우리는 내적 차원을 활용한다. 그러므로 철학친교는 우리의 내적 차원에서 말하고 듣는 것을 도울 수 있도록 고안된 형식이다. 우리의 내적 차원에서 말하고 듣는 것을 **관조**라고 한다.

누군가는 철학친교에서 중요한 것은 무엇을 말하느냐가 아니라 어디에서 말하는가이다, 라고 말하고 싶을 지도 모른다. 하지만 그렇게 말하는 것은 정확하지 않다. 우리가 말하는 내용은 우리가 말하는 방식에 영향을 미치기 때문이다. 예컨대, 시적 태도로 더러운 농담을 하기는 매우 어렵고, 코믹한 태도로 친한 친구의 비극에 대해 말하기도 어렸다. 내가 말하는 것과 말하는 방식은 서로 영향을 준다.

그러므로 내적 차원에서 듣고 말하려면, 내 존재의 깊은 곳에서 나오는 태도를 취하려면, 주제를 주의 깊게 선택해야 한다. 주제는 잠재적으로 심원해야 하며, 인간의 실존 및 삶의 기본적인 문제와 연관되어야 한다. 또한 나는 교리적 신념의 태도가 아니라 경이와 외경의 태도로, 탐구자의 내적 태도로 그 주제와 연결해야 한다. 이것이 바로 철학하기가 내적 차원을 활용하는 가장 좋은 방법인 이유이다. 물론 모든 종류의 철학하기가 내적 차원을 포함한 것은 아니다. 많은 철학적 논의들은 분리된 마음, 분석적인 마음 상태에서 나온다. 그러나 모든 철학하기가 관조는 아닐지라도, 가장 깊은 관조는 철학하기를 통해 이루어진다.

이것을 모두 요약해서 말하면, 철학친교는 참여자들이 근본적인 삶의 문제를 자신들 존재의 내적 깊이로부터 철학하는, 그래서 심원한 이해를 추구하는 형식이다. 철학친교의 내용은 철학적 문제이고, 그 형식은 철학하기이며, 태도는 내적 차원'에서' 대화하는 것이고, 그 열망은 심원한 이해를 불러일으키려는 것이다. 이런 유형의 활동을 우리는 '관조'라 부른다.

관조(contemplation)

사람들은 때때로 '관조'를 '사유'(thinking)와 동의어로 생각하기도 한다. 하지만 철학친교의 맥락에서 관조는 보다 특수한 의미를 지닌다. 관조는 깊은 이해를 탐구하는 우리 존재의 보다 깊은 측면으로부터 나온 사유를 의미한다. 이 의미는 철학적이고 영적인 글에서, 예컨대 플라톤과 플로티노스의 글에서 사용되는 관조의 방식과 정신적으로 가깝다.

우리의 내적 깊이**에서 사유하기**(thinking from)는 그것에 **관해 사유하기**(thinking about)와 매우 다르다. 생물학자가 확대경으로 곤충을 조사하는 것처럼, 하나의 관념을 외부에서 검토함으로써 그것에 **관해 생각하기**는 쉽다. 이런 종류의 사유는 우리의 정서적이고 영적인 감수성과는 대비되는 우리 자신의 피상적 측면에서, 분석적 능력에서 나온다. 우리의 깊이에 **관해**(about) 생각하지 않고 그곳**에서**(from) 생각하는 것이 훨씬 어렵다. 그런 사유는 우리 안의 더 깊은 차원을 표현한다거나, 또는 그것을 검토 대상으로 바꾸지 않고, 그것에게 '목소리를 준다'(give voice)고 할 수 있다. 이런 의미에서 관조는 목소리 주기에 해당한다. 그것은 기본적으로 무엇에 관한 사유(thinking-about)가 아니라 무엇에서부터의 사유(thinking-from)다.

관조는 간단한 일이 아니다. 초점 없는 생각이나 연상적 사유를 관조와 혼동하기 쉬우나, 사실 관조는 부주의한 사유와는 정 반대다. 우리가 느슨하게 사유하도록 그냥 내버려 둔다면, 우리의 입이 아무런 초점이나 노력 없이 말하도록 허락해준다면, 우리는 단지 임의적인 심리적 자료를 표현할 뿐 우리 안의 깊은 어떤 것도 표현하는 것이 아니다. 연상되는 대로 말할 때 우리는 자신의 마음을 부주의한 잡담으로 채우는 반면, 관조할 때에는 우리의 내적 깊이가 자신의 목소리를 낼 수 있는 내적 공간을 주의 깊게 창조한다.

요약하면, 관조는 우리의 사고를 통제하는 자신의 경향성을 치우고, 침묵의 내적 공간을 열며, 이 공간에서 우리의 내적 깊이가 자신을 표현하도록 초대하여, 우리의 내적 깊이에 목소리를 주는 방법이다. 이를 위해서는 우리의 전 존재를 포함하는 태도가 필요하다. 단어 선택, 목소리의 억양, 말하는 리듬, 몸의 자세, 우리의 주의와 사고, 이 모든 것이 힘을 합해야 한다. 이는 분명 초점과 경험과 훈련을 요한다.

목소리 주기(Giving voice)

나는 방금 '목소리 주기'라는 표현을 사용했다. 내가 목소리를 낼 때, 나는 어느 정도는 악기와 같으며, 음악가는 이 악기를 통해 자신의 영감을 표현한다. 나는 들려지기를 '원하는'(want) 소리를 발음해주는 입이다. 나는 나의 내적 깊이에 표현을 제공해주는 사람이며, 나의 내적 깊이는 나를 통해 자신을 표현하기를 '원한다'(want).

그래서 목소리를 주기 위해서는 나의 사고를 통제하는 일상적 경향성을 놓아주고, 나의 작은 자아의 경계를 넘어 관념의 흐름에 나 자신을 맡겨야 한다. 나는 이제 모임 안에서 흐르는, 그리고 나의 내적 깊이에서 흐르는, 텍스트에서 흐르는, 그리고 인간 실재 일반에서 흐르는 관념들의 동적인 큰 흐름의 일부이다. 나는 이제 더 이상 나 자신의 사적인 관념만을 표현하는 자기 충족적인 개체가 아니다. 왜냐하면 나는 지혜에, 인간 실존에, 실재 일반에 목소리를 내주기 때문이다.

그러나 이 비유들은 정확하지 못하다. 목소리를 내주는 태도는 결코 수동적이지 않다. 그것은 신의 수중에 놓인 무력한 도구인 델피 무녀의 태도가 아니다. 내가 나의 내적 깊이에 목소리를 내줄 때, 내 안에서 깊이 공명하는 인간의 실재에 목소리를 내줄 때, 나는 나 자신의 문화적 경향과 나의 전제들과 선입견들뿐 아니라 나 자신의 언어를, 나 자신의 이미지를, 나 자신의 감수성을 사용한다. 나는 내가 읽고 있는 책을 쓴 철학자와 마찬가지로 한 인간이다. 인간 실재는 내 안에서 결코 혼자서 말하지 않는다. 왜냐하면 나는 항상 내 안에서 일어나는 운동에 나의 개인적인 사유 방식과 나 자신의 감수성과 창조성으로 색을 입힌다. 목소리를 주는 것은 수용적인 행위지만 또한 매우 창조적인 행위이다.

함께함과 공명하기(togetherness and resonating)

철학친교에서 우리는 함께함 안에서(in togetherness) 관조한다. 우리의 동료들과의 함께함, 그리고 선택한 텍스트와의 함께함이다. 이것은 우연적 관계가 아니다. 관조와 함께함은 긴밀히 서로 연관되어 있다.

평상시 대화에서는 각자가 자신의 특정한 관점에서 말한다. "나는 동의한다," "나는 동의하지 않는다," "나는 의심한다," "나는 모른다"고 말한다. 여기서 '나'라는 단어가 중요하다. 이는 '나'가 '나의' 관점의 근원이며, '나의' 견해의 '주인'이고, 나와 타인의 관계는 견해들을 가진 한 주인과 다른 주인들 간의 관계이다. 이러한 태도는 나를 분리된 개인의 자리에 놓는다. 그 개인은 자신의 관념이 타인의 관념과 분리되는 하나의 원자이다. 그래서 대화는 분리된 개별적 관점 간의 만남이며, 나의 관점과 너의 관점의 만남이다.

함께함은 나의 사고와 너의 사고, 나의 견해와 너의 견해, 나의 믿음과 너의 믿음 간의 분리를 폐기한다는 뜻이다. 이는 서로 동의한다는 의미가 아니다. 동의나 반대는 더 이상 문제가 아니다. 함께함 안에서 우리는 자신들의 견해와 믿음을 우리의 이야기와 무관한 것으로 제쳐 놓는다. 회기가 진행되는 동안, 나는 더 이상 관념의 사적 영역의 '주인'이 아니다. 대신에 나는 합창 속의 한 목소리이며, 나는 전체 모임의 사유를 풍요롭게 하고 앞으로 나아가도록 하는 데 참여한다. 나의 사유는 친구들의 사유와 함께 짜여 우리 모두는 모둠-관념(group-ideas)의 복합적인 천을 창조한다.

재즈의 세계에 비유하자면, 함께함 안에서 나는 나 자신의 독주곡을 연주하는 솔로 연주자가 아니다. 우리는 동일한 재즈 밴드의 연주자들이며, 서로 공명하면서 하나의 곡을 창조한다. 마찬가지로 철학친교에서 우리는 모든 친구들이 함께 기여하여 만드는 모둠-이해(group-understanding)를 창조한다. 우리는 서로 경쟁하거나 서로를 평가하지 않는다. 나의 음악은 너의 음악과 분리되지 않기 때문이다.

그 결과, 철학친교에서 나의 태도는 심원하게 변화한다. 나는 더 이상 자신의 외부를 보고, 무엇에 관하여 생각하고(thinking-about), 무엇에 관하여 의견을 갖고(opinionating-about), 무엇에 대응하는(reacting-to) 관찰자가 아니다. 이제 나는 '함께-존재하는'(being with) 내적 태도를 지니며, 타인들과, 텍스트와, 그리고 관념들과 공명한다. 나의 실재는 나의 작은 자아를 넘어서 있으므로 이제 나는 더 이상 나의 실재를 통제하지 않는다. 이것이 나를 봉쇄하는 태도가 아닌, 나의 경계를 넘어서는, 그리고 더 큰 천 안에서 하나의 실이 되는 열림의 태도(attitude of openness)이다.

공명은 그 자체로는 아직 관조적 태도가 아니다. 공명한다고 해서 철학적 관조의 결정적 요소인 기본적 삶의 문제에 대한 성찰이 반드시 포함되는 것은 아니다. 하지만 공명은 관조적 태도의 중요한 요소인데, 왜냐하면 그것이 우리의 일상적인 내적 태도로부터 우리를 꺼내주고, 존재의 더 큰 지평을 향한 열림의 태도를 갖도록 해주기 때문이다.

제 3 장
실제적 문제들

온라인 만남 vs 대면 만남

철학친교는 주로 두 가지 환경에서 이루어질 수 있다. 첫째는 한 주에 한 번씩 주중이나 주말 피정에 실제로 만나 대면하는 것이다. 둘째는 스카이프(Skype)나 우부(ooVoo)와 같은 영상 채팅 소프트웨어를 이용하여 온라인으로 만나는 것이다. 둘 다 각각의 장점과 단점이 있다.

어떤 사람들은 온라인 만남보다는 대면 만남을 보다 자연스럽고 친밀하게 느낀다. 그들은 친구들의 신체 언어를 볼 때, 그리고 회기 전후에 다른 참여자들과 이야기를 할 수 있을 때 보다 연결된 느낌이 든다.

대면 만남의 또 다른 이점은 참가자 수가 다소 탄력적이라는 점이다. 한 방에서 15명의 모임을 하는 것은 가능하지만, 9~10명 이상의 온라인 모임을 하기는 어렵다. 화면으로 오직 얼굴만 보는 경우, 모임의 상호작용은 처음부터 혼란스럽게 느껴질 수 있다. 예컨대, 당신은 화면에 있는 사람이 지금 누구를 보고 있는지 알 수가 없다.

그럼에도 온라인 환경에는 나름의 장점이 있다. 첫째로, 온라인 친교는 세계 각지에 떨어져 사는 사람들을 함께 모을 수 있다. 주최자 입장에서 보면, 잠재적인 관객이 극적으로 증가한다. 지구상의 누구든지 잠재적인 참여자다. 그래서 상이한 나라와 배경의 사람들이 함께 모이는 다양한 모임을 만들 수 있다.

또한 온라인 회기에는 대면 모임을 조직하는 데 생기는 문제들, 알맞은 장소를 물색하고 그 비용을 충당하는 등의 문제들이 없다. 그리고 대면 모임의 경우, 개인 또는 공공의 이동 수단을 이용하여 모임 장소에 가기 때문에 시간이 걸린다. 반면에 온라인 회기에는 이동 시간이나 비용의 부담이 없다. 그래서 사용자 친화적이며, 잠재적인 참여자의 수를 증가시킬 수 있다. 현대의 바쁜 생활에서, 저녁 시간 전체를 보내는 것과 단지 60 내지 90분을 쓰는 것은 큰 차이다.

틀 설계하기(Designing the framework)

철학친교를 설계하는 다양한 방식이 있고, 그 중에는 아직 개발되지 않은 것도 있을 것이다. 그러나 아고라 (www.philopractice.org) 에서의 경험을 기초로 나는 다음과 같은 권고를 할 수 있다.

첫째, 친교의 규모는 너무 작아서도 너무 커서도 안 된다. 온라인에서는 5-10명, 직접 만남은 8-15명 정도가 좋다. 그래야 한편으로는 생생하고 풍요로운 상호작용을 할 수 있고, 또 다른 한편으로는 관리가 가능하며 초점을 맞출 수 있다. 너무 작은 모임은 큰 모임이 줄 수 있는 풍요로운 역학관계와 함께함의 느낌이 없을 수 있다. 결국 친교의 힘은 대체로 모임 활동은 각자의 개별성을 넘어선다는 사실에서 나온다. 반면에 너무 큰 모임에서는 각각의 참여자에게 주어진 시간이 충분하지 못하고, 활동이 반복적이라고 느끼거나, 혼란스럽고 통제가 안 된다는 느낌을 줄 수 있다.

둘째, 시간의 틀을 미리 결정하는 것이 최선이다. 대면 모임에서는 주말 피정이 강력할 수 있다. 아니면, 일주일에 한 번의 모임이 연속성을 확보하면서도 너무 자주 만나는 부담을 주지 않을 정도여서 좋다. 일주일에 한 번씩 네 번의 모임이 친교에는 좋은 틀이라고 생각한다. 네 번의 모임은 지루함이나 부담감 없이 관념들과 함께함의 의미를 발전시키기에 충분한 시간이다. 네 번의 모임이 한 바퀴 돌고 나서, 다음 한 바퀴를 계속할지 결정할 수 있다.

만남 시간은 60~90분 정도가 가장 좋다. 한 시간 정도가 모임 관조에 알맞은 시간이다. 회기 중 관조하는 시간 후에는, 경험과 생각들을 자유롭게 공유할 수 있도록 보다 편안하고 자연스러운 상호작용의 기회를 갖는 것이 좋다.

한 회기(a session)의 일반적 구조

초점과 질서를 유지하기 위해서는 진행자가 각 모임의 책임을 진다. 경험 있는 참가자가 전체 모든 모임을 맡거나 동료들이 돌아가면서 한 모임씩 맡는다.

관조적 분위기를 위해서는 친목의 시간이나 일상적 대화 없이 바로 관조적 활동으로 회기를 시작하는 것이 최선이다. 친구들이 잡담하고 싶다면 회기 후에 할 수 있다.

다음은 가변적이지만 표준적인 활동들의 순서이다. (이는 당연히 필요와 목표에 따라 변형시킬 수 있다.)

1) **환영**(Welcome) : 진행자가 친구들을 환영하고 모임 계획을 간략하게 설명한다.

2) **마음집중 실습**(Centering exercise) : 친구들이 일상적 혼란을 내려놓고 자신에게 집중할 수 있도록 설계된 간단한 명상적 실습을 한다. 온라인에서건 대면 모임에서건 대부분 눈을 감고 한다. 다음은 몇 가지 간단한 예들이다.

– 심상 실습(imagery exercise) : 마음속으로 동료 친구들과 함께 자연 속에서 고요하게 앉아 있는 모습을 그린다.

– 호흡 실습(breathing exercise) : 호흡에 초점을 맞추면서 천천히 코에서부터 아래로, 위를 거쳐 바닥으로, 의자 밑으로까지 내려간다.

– 자세 실습(posture exercise) : 몸이 내적 태도의 메타포로 이용된다. 진행자가 다음과 같이 지시할 수 있다. "당신

은 지금 당신의 몸 안에 있습니다. 모든 것을 내버려 두고, 이완하고, 당신 자신에게서 물러나서, 당신의 중간에 빈 공간을 여십시오."

3) **주 실습**(Main exercise) : 고요하고 집중된 내적 태도를 취하기 시작했으니, 이제 회기의 주요 부분을 시작한다. 이 활동은 반 쪽 또는 한 쪽 정도의 철학적 텍스트를 중심으로 돌아간다. 이 텍스트는 모임의 중심축으로 사용된다. 텍스트를 권위로 여겨서는 안 되고, 관조를 위한 출발점으로 생각해야 한다.

종종 이 활동은 두 단계로 구성된다. 첫째는 텍스트와의 예비적인 만남으로서 모두가 그 표면적 의미를 이해하도록 설계되었다. 이 단계에서 친구들이 기본적 관념과 개념 들을 관조한다. 둘째는 보다 창의적인 실습으로서, 여기서 동료들이 텍스트를 넘어 선다. 상세한 것은 다음 장에서 다룰 것이다.

4) **"나는 무엇을 가져왔는가?"**: 주 실습이 끝났지만 아직 관조적 상태에 머물러 있는 동안, 이 회기에 각자 자신이 가져온 것이 무엇인지를 나누도록 한다. 토론이 목적이 아니라 회기 전체를 성찰하고, 회기 중에 떠오른 의미 있는 통찰이나 경험에 목소리를 주는 것이다. 관조적 태도를 유지하기 위해서는 "소중한 말하기" 또는 "의도적 대화"의 절차에 따른다.(절차들에 대해서는 다음 장에서)

5) **메타 대화**(Meta-Conversation) : 진행자가 관조하는 시간이 끝났음을 알리고, 긴장을 풀고 일상적 대화 방식으로 돌아오도록 한다. 회기 동안 일어난 일들을 자유롭게 나누며, 경험, 제안, 질문 등을 공유한다. 이 대화를 메타 대화라고 이름 붙인 이유는 희랍어 '메타'(meta)가 철학에서는 '넘어서'(beyond)나 '관하여'(about)를 의미하기 때문이다. 관조적 시간에서 메타-대화의 부분으로 이행한다는 것을 명확히 하는 것이 중요하다.(예를 들자면, "관조하는 회기는 끝났습니다. 이제 메타 대화를 시작합시다.") 그 이유는 말하는 규칙과 요구되는 내적 태도가 매우 다르기 때문이다.

텍스트 선택하기

한 회기에서, 우리는 보통 약 반 쪽 정도 분량의 짧은 텍스트를 사용한다. 텍스트는 우리가 따라야 할 권위로 여겨져서는 안 되지만, 동료들을 동일한 관념의 영역으로 함께 모아주는 참조점을 제공해준다. 또한 그 자리에서 즉시 깊은 철학적 관념을 창안하기는 어려우며, 좋은 텍스트가 이미 풍요로운 관념들을 담은 출발점을 제공해주기 때문에, 우리가 영(0)에서부터 사유를 시작할 필요는 없다.

대부분의 친교 활동은 텍스트를 중심으로 돌아간다. 그러므로 회기 진행자는 텍스트를 선택하고 미리 모든 참가자에게 사본을 주어, 활동 중에 앞에 놓고 볼 수 있도록 한다. 가끔 진행자가 회기 시작 전에 친구들에게 텍스트를 읽었는지 물을 수도 있다.

철학적 실습에 적합한 최고의 텍스트는 압축적이고 시적이지만, 너무 어려워 이해하기 힘들지는 않은 것이어야 한다. 아고라 웹사이트의 철학적 토픽 페이지(www.philopractice.org/topics)에서 그런 텍스트를 찾을 수 있다.

산만함과 소음

어떤 모임 장소에서도 소음 및 다른 산만함이 있을 수 있지만, 내적 침묵을 강조하는 관조 회기에서는 그것이 특히 두드러진다. 이러한 산만함을 제거할 수 없을 때는, 그것을 유용한 도전으로 인정하는 것이 최선이다. 관조가 항상 즐겁고 쉬운 것이라고 기대할 수는 없다. 관조에는 노력, 일, 그리고 힘든 싸움이 포함되어 있다. 결국 장애는 삶의 일부이며, 그것을 다루는 법을 배우는 일은 내적 성장을 향한 여행의 일부이다.

진행자가 친구들에게 산만함을 실습의 한 부분으로 여길 수 있도록, 자신과 관조 과정에 관한 배움의 기회로 여길 수 있도록 일러줄 수 있다. 방해하는 소음에 대한 우리의 반응이 관조적 과정의 일부이다. 소음은 혼란을 주는 것, 또는 분위기를 깨는 원인이 아닌, 학습을 위한 도전이다.

내적 산만함도 마찬가지다. 참가자들은 가끔 피곤하고

불안하며, 자신의 문제로 산만한 상태에서 친교에 참여할 수 있다. 이것이 삶의 일부이다. 관조는 평화로운 시간에만 하는 것이 아니다. 성장을 향한 진정한 여정은 편안한 길만을 걷는 것이 아니라 산을 오르고 사막을 건너기도 한다.

온라인 회기의 기술적 문제들

온라인 회기에는 나름의 도전 과제들이 있지만, 이러한 문제 대부분은 쉽게 해결할 수 있다.

말하기 순서 : 어떤 실습은 참가자가 정해진 순서로 말할 필요가 있다. 직접 대면 설정에서 말하는 순서는 앉아있는 순서대로 할 수 있다. 반면에 온라인 모임에 앉아있는 순서라는 것은 없고, 화면의 얼굴은 대개 참가자마다 다르게 배열된다. 그렇다면 우리는 어떻게 말하기 순서를 정할 수 있을까?

간단한 해결책은 이름의 알파벳 순서로 말하는 것이다. Alfred가 Beatrice보다 먼저 말하고 Beatrice는 Clara보다 먼저 말한다. 각 참가자는 자기 앞 사람을 기억해야 한다. 진행자가 이름을 불러줄 수도 있다.

인터넷 연결이 끊어짐 : 인터넷 연결이 불안정하며, 그래서 참가자의 연결이 끊어지고 화면에서 사라질 수 있다. 일반적으로 몇 분 안에 다시 연결할 수 있지만, 회기를 중단하지 않고 개별적으로 다시 연결하는 것이 중요하다. 따라서 다음 규칙을 도입할 수 있다. 연결이 끊길 때마다 다시 연결하여 모임으로 돌아올 수 있지만, 가능한 한 조용히 연결하고, 그리고 설명이나 사과하지 않는다.

모임의 '칠판'인 구글 드라이브(Google Drive) : 일부 실습에서는 그룹에서 함께 쓸 수 있는 중앙 칠판이 필요하다. 이러한 목적으로 구글 드라이브와 같은 인터넷 서비스를 사용할 수 있다. 구글 드라이브는 구글에서 무료로 제공하는 동기화된 서비스다. 그것은 한 그룹의 사람들이 공통 문서를 열어서 각자 자신의 컴퓨터 화면에 함께 쓸 수 있도록 해준다. 한 사람이 쓴 것을 다른 사람들이 즉시 볼 수 있다. 모두가 동시에 글을 쓸 수 있으므로 실제의 물리적인 칠판으로는 불가능하거나 어려운 실습을 할 수 있다.

구글 드라이브를 사용하려면 Gmail 계정이 있어야 하며, 이는 무료다.

제 4 장

절차와 실습

절차, 실습, 회기

　명확함을 위해서 우리는 '절차,' '실습,' '회기'라는 세 개념을 구별한다.

　한 **회기**(a session)는 약 60~90분 정도의 전체 모임이다. 한 회기는 실습들과 메타-대화와 같은 몇 가지 활동으로 구성된다.

　절차(a procedure)는 말하거나 상호작용하는 방법에 관한 규칙이다. 절차는 독립적 활동이 아니고 더 큰 활동 안의 요소이다. 간단한 예를 들면, "각 참가자는 자기 차례에 오직 한 문장만 말한다."와 같은 규칙이 절차다. 절차는 많은 실습에서 요소로 사용될 수 있다.

　실습(an exercise)은 몇 단계로 이루어진 구조화된 활동이다. 많은 실습이 '소중한 말하기'의 절차를 이용한다. 달리 말하면, 소중한 말하기는 많은 실습들의 한 요소이다.

　절차와 실습은 친교 회기에서 중심적 역할을 하며, 관조적 태도를 얻도록 해준다. 달리 말하면, 절차와 실습은 평상시보다 더 깊은 우리 내부의 장소에서 사유하고 상호작용하는 방법을 일러준다. 일상적인 토론은 이러한 목적을 이루기에 충분하지 못하다. 일상의 토론은 우리의 자동적인 말하기 양식(mode)을 활성화하며, 그러면 친교의 목적을 놓치게 된다. 가끔 절차와 실습 때문에 상호작용이 부자연스럽다고 느낄 수 있다. 그러나 그것이 바로 절차와 실습의 목표다. 우리의 '자연적 태도'로부터, '자동적인 조종'으로부터 우리를 끌어내는 것이다.

철학친교는 적합한 내적 태도를 취해야만, 즉 외부 관찰자로서 의견을 말하고, 선언하고, 판단하고, 생각하는 일상의 모드와는 다른 관조적 태도를 유지할 수 있어야만, 성공할 수 있다. 친교의 성패는 이러한 내적 태도를 유지하는 참가자들의 능력에 달려있다고 말해도 과언이 아니다. 그러므로 절차와 실습은 회기를 재미있게 만드는 트릭이 아니라, 관조하도록 돕는 본질적인 도구라고 생각해야 한다. 실습이 관조적 태도를 증진시켰느냐는 문제를 떼놓고 친교실습이 성공적이냐 아니냐를 생각하는 것은 불가능하다.

A. 절차

'소중한 말하기'(Precious Speaking) 절차

이 중요한 절차에서, 동료들은 세 가지 의도를 따라야 한다.(의도(intention)는 규칙(rule)과 유사하지만, 규칙처럼 명확한 것은 아니며, 겉으로 드러난 행동보다는 내적인 노력을 규제한다). 이 의도들은 일상적인 말하기 방식에서 벗어나 관조적인 내적 태도를 얻게 해준다. 이 세 가지 의도는 다음과 같다.

1) **각 단어는 소중하다** : 첫째, 당신이 모임에서 말할 때에는, 당신이 하는 말의 모든 단어가 소중한 금강석인 것처럼, 당신이 모임에 주는 선물처럼 여겨라. 그래서 압축적이고 초점을 맞춘 방식으로, 오직 필요한 말만을, 보통 한 번에 한 문장만을 말한다. "내 생각에는..." "나는 이렇게 말하고 싶어요." "내가 보기에는..."과 같은 잉여적인 말은 물론 반복이나 지나친 설명을 피한다. 대신에 관념 그 자체를 직접 표현한다. 그리고 명료하게 의미 있는 리듬과 억양으로 발음한다.

2) **당신의 내적 깊이에서 말하기** : 둘째, 당신 내부의 깊은 곳에서 말하도록 노력한다. 이는 의견을 피력하고, 자동으로 반응하고, 일화들과 개인적으로 연상되는 관념을 기억하는 당신의 일상적 충동을 옆으로 치우라는 뜻이다. 당

신 안에 침묵의 내적 공간을 — 정신적 소음의 숲에서 '빈터'를 — 열고, 그 공간에서 나타나는 관념과 말에 목소리를 준다. 달리 말하면, 당신 안에서 말하기를 원하는 단어들에 주의를 기울인다.

3) **함께 말하기**(speaking with) **또는 공명하기**(resonating)：셋째, 당신이 텍스트의 관념이나 동료가 말한 관념에 연관을 시킬 때, 그것에 관해(about) 말하지 말고 그것과 함께(with) 그것으로 말한다. 동의하거나 동의하지 않거나 하지 마라. 평가하거나 판단하지 마라. 분석하거나 코멘트하지 마라. 대신에 그 관념에 공명하라. 마치 한 재즈 음악가가 동료 음악가에게 공명하듯이.

이 세 가지 의도를 따르기가 늘 쉽지는 않다. 하지만 이 의도를 따르려면 우리의 일상적인 대화 습관으로부터의 급진적인 변화가 필요하므로 이 의도들이 내적 태도에 미치는 영향은 깊을 수 있다.

서로 다른 목적에 따라 몇 가지 다른 버전의 '소중한 말하기'가 있다. 첫째, 참가자들이 정해진 순서대로 말할 수도 있고, 순서 없이 말할 수도 있다. 순서가 있는 버전에서는 참가자들이 정해진 순서대로 — 대면 친교에서는 앉은 순서대로, 온라인 친교에서는 알파벳 순으로 — 말한다. 순서 없는 자유로운 버전에서는 참가자들이 표현하고 싶은 것이 있다고 느낄 때마다 자유로운 시간에 자유롭게 말한다. 순서 있는 버전에서는 문장들이 리드믹하고 빠르게 이어진다.(자신의 차례에 다음 사람에게 '통과'라고 하고 넘길 수도 있다) 자유로운 버전에서는 보통 말하는 사이에 긴 침묵이 흐르기도 한다.

둘째, 말의 형식을 자유롭게 할 수도 있고, 특정한 방식으로 규정할 수도 있다. 예를 들어 참가자 상호 간의 연결을 도모하기 위해서 앞사람이 사용한 단어를 반드시 포함해서 말하도록 할 수도 있다. 또는 특정한 말로 - 예컨대 "나의 내적 침묵은..." - 시작하라고 요구할 수도 있다.

'의도적 대화'(Intentional Conversing)의 절차

'소중한 말하기'는 강력한 절차지만 짧게 말해야 한다는 제한이 있다. 그 절차에서는 참가자가 한 번에 한 문장만, 짧은 문장으로 말해야 한다. 그러나 우리는 가끔 보다 자세하게, 보다 상호작용하면서 말하고 싶을 때, 그러나 여전히 관조적 태도를 유지하고 싶을 때가 있다. 이런 목적을 위해 '의도적 대화'를 이용한다.

'의도적 대화'의 절차 또한 몇 가지 의도에 기초한다.(다시, '의도'란 내적인 알아차림을 위한 규칙과 같다) 그러나 의도적 대화의 의도는, 말하는 단어 각각의 소중함을 강조하지 않고, '내적 깊이에서 듣기'의 요소를 강조한다.

1) **내적 고요함에서 듣기**(Listening from our inner silence) : 이 절차에서는 타인에게 경청하는 것이 핵심적 요소이며, 이는 특별한 종류의 듣기이다. "나는 동의한다"또는 "나는 동의하지 않는다" 또는 "이것은 이런 생각을 하게 만든다." 또는 "그것은 플라톤의 이론과 유사하다." 또는 "그것은 흥미롭다." 또는 "그것은 좋은 점이다"와 같은 평상시의 관점으로 듣는 것이 아니다. 대신에 우리는 자신의 의견을 고집하는 자아를 침묵시키고, 아무 견해도 갖지 않고 개인적으로 연상되는 관념이 없는 우리 안의 장소에서 듣는다.

그러기 위해서, 절차를 시작하기 전에 당신의 마음을 침묵시키고, 의견과 자동적 반응을 옆으로 치워 놓는 잠깐의 시간을 갖는다. 당신 안의 내적 공간을 – 빈터를 – 연다. 그리고 동료가 말하기 시작하면 그 말을 조용히 이 빈터에 가져다 놓고, 그 말과 관념들이 당신의 마음에서 생생하게 드러나도록 한다.

2) **목소리 주기**(Giving voice) : 말할 때, 그 순간 당신 안에서 살아있는 이해만을 표현한다. 그러기 위해서는, 당신의 친숙한 의견으로부터 말하지 말고, 당신 안에서 들리는 것을 말한다. 달리 말하면, 당신의 내적 존재에게 자신을 열어주고 당신 안에서 깊이 살아있는 말과 관념에 '목소리를 준다'. 더 이상 살아있지 않은 과거의 생각은 물론 당신의 친숙한 견해와 자동적 반응을 무시한다.

3) **응축된 말하기** : 당신 차례에 필요한 만큼 많은 문장을 말할 수 있다.(소중한 말하기에서처럼 한 문장으로 제한하지 않는다) 그러나 항상 응축된 방식으로 당신의 관념을 형식화하고, 반복이나 지나친 설명, 불필요한 말들을 피한다.

4) **타인과 공명하기** : 당신이 말할 때, 앞서서 친구가 한 말과 연관시킨다. 그러나 친구가 말한 것에 관해(about) 말하지 말고, 그가 말한 것과(with) 공명하라. 그러기 위해, 당신을 합창대의 한 사람으로 생각하라. 당신과 친구들이 각각 다른 목소리로, 즉흥적으로 함께 음악을 창조한다. 이것이 함축하는 바는, 상이한 이해들이 서로 모순적으로 보일지라도 나란히 드러날 수 있으며, 그래서 여러 목소리의 울림을 창조한다는 것이다.

'느리게 읽기'(Slow Reading)의 절차

우리는 많은 실습에서 텍스트를 함께 읽고자 한다. 그러나 관조적 태도로, 내적 고요함에서 텍스트를 읽고자 한다. 문제는 우리에게 익숙한 텍스트 읽기는 각각의 단어들과 구절들에 주목하지 않는다는 것이다. 우리는 단어를 '통해'(through) 단어의 배후에 있는 의미를 본다. '느리게 읽기' 절차는 이런 습관을 깨고, 다른 식으로 텍스트에 경청하게 해준다.

가장 단순한 형태의 느리게 읽기에서는, 지원자가 텍스트를 큰 소리로 매우 천천히, 평상시보다 훨씬 천천히 읽고, 다른 이들은 각자 가진 텍스트 사본을 본다. 그들은 고요하게, 내적 공간에서 단어들을 경청하며, 자신에게 감동을 주고 주의를 끄는 특별한 단어나 구절에 주목한다.

다른 버전의 '느리게 읽기'에서는, 지원자가 큰 소리로 읽고 다른 이들은 속삭이거나 마음속으로 읽는다.

세 번째 버전에서는, 진행자가 각 문장의 첫 단어만 읽고 나머지는 참가자들이 넘겨받아 소리 없이 읽는다. 매우 천천히, 가능하다면 여러 번 읽을 수 있도록 충분한 시간을 준다.

'철학적 낭송'(Philosophical Chanting) 또는 반추 (Ruminatio)의 절차

이 명상적 절차는 나의 친구이며 독일의 철학실천가인 게랄드 호퍼(Gerald Hofer)가 개발했다. 이것은 찬송하는 것과 유사한 간단한 절차다.

이 절차를 시작하기 전에, 참가자들이 텍스트를 이해하고 있는지 확인하는 것이 최선이다.(다음 섹션인 '텍스트 공부를 위한 활동' 참고) 그리고 나서, 진행자가 한 문장을 선택하면, 참가자들이 큰소리로, 앉은 순서에 따라(대면 모임에서) 또는 알파벳 순으로(온라인 모임에서) 차례대로 읽기 시작한다. 한 바퀴 낭송이 끝나면 두 번째 바퀴를 계속하고, 다시 또다시, 가능하면 다섯이나 여섯 바퀴까지, 아니면 열 바퀴까지도 계속한다. 이렇게 같은 문장을 몇 분 동안 되풀이해서 낭독한다.

그 효과는 강력할 수 있다. 처음에는 지루하고 끝없는 반복에 짜증을 느낄 수도 있지만, 곧 명료해지고 초점이 모이고 문장을 관조하게 된다. 새로운 이해가 떠오를 수 있다.

다른 절차와 마찬가지로 여기서도 몇 가지 변형이 가능하다. 자신의 차례를 기다리는 동안 조용히 듣기만 하라고, 또는 읽는 이와 함께 조용히 마음속으로 낭독하라고 진행자가 지시할 수 있다. 개인적인 관조를 위해, 한 바퀴마다 잠깐 침묵의 순간을 가질 수도 있다.

낭독이 끝난 후에, 이어서 '소중한 말하기'나 '의도적 대화'의 절차를 진행하여 통찰과 느낌을 표현할 수 있다.

B. 텍스트 공부를 위한 실습

'관조적 공부'(Contemplative Study) 실습

이 실습은 모임에서 새로운 텍스트를 – 특히 복잡한 것을 – 처음 만날 때 이용한다. 그런 경우 관조적 태도를 유지한 채 텍스트를 공부하고 그 표면적 의미를 이해하려고 시도할 필요가 있다. 일상적 토론은 관조적 분위기가 사라지므로 적합하지 않다. 이 실습은 느리게 읽기와 소중한 말하기의 두 절차로 구성되며, 그리고 가능하면 의도적 대화까지 할 수도 있다.

준비 과정에서, 진행자는 3~6 문단으로 된 철학적 텍스트를 선택한다.(텍스트의 문단을 진행자가 나눌 수도 있다.)

이 실습의 첫 단계는 한 참가자가 텍스트 첫 문단을 느리게 읽기로 읽는 것이다. 그런 후에 진행자가 질문을 던진다. "이 문단이 당신에게 무슨 말을 했습니까?" 참가자들은 소중한 말하기로 한 바퀴 동안 대답한다.

이 바퀴 다음에는, 다음 문단을 계속하고, 텍스트 끝까지 마찬가지로 진행한다.

모든 문단을 읽고 관조한 후에, 진행자가 친구들에게 텍스트 전체를 관조하라고 말한다. 참가자들은 텍스트에 공명하는 것을 넘어서서 자신의 개인적 통찰에 목소리를 부여한다. 진행자가 다음과 같은 질문을 하여 진행할 수도 있다. "이 텍스트가 나에게 무엇을 보게 했는가?" "텍스트를 읽은 후, 지금 나는 어디에 있는가?" 또는 "지금 내 안에서 어떤 개인적 통찰이 말하려고 하는가?"

참가자들은 이러한 물음에 소중한 말하기 또는 의도적 대화의 절차로 대답한다.

'관념의 지형에서 걷기'(Walking in a landscape of ideas) 실습

　앞의 실습과 마찬가지로 이 실습 또한 새로운 철학적 텍스트를 배우는, 특히 그 내적 논리와 중심 개념들을 배우는 데 이용된다. 그러나 이것은 또한 개인적이고 창의적인 방식으로 텍스트를 넘어서는 방법으로도 이용될 수 있다.

　이 실습은 철학적 이론의 중심에는 몇 가지 중심 개념들과 관념들이 있다는 사실에 기초한다. 이를 이해하기 위해서, 예컨대 인간관계에 대한 상이한 철학적 접근 간의 차이를 고려해보자. 마틴 부버의 접근은 두 가지 중요한 관념을 중심으로 전개된다. 인간은 결코 고립된 원자가 아니라 항상 관계-속-인간(person-in-relation)이라는 관념, 그리고 함께함의 관계(나-너)와 분리의 관계(나-그것)에 대한 구별이다. 같은 주제에 대한 레비나스의 접근을 검토하면, 매우 다른 관념들을 중심으로 전개된다는 것을 알 수 있다. 인간 존재의 근본적 허약함과 타인의 허약함에 대한 책임이 중심적인 관념들이다. 오르테가 이 가세트의 접근에서는 또 다른 중심 관념을 발견하게 된다. 내부 세계와 외부 세계의 구별, 내부 세계의 은폐성, 그리고 내부 세계에서 나오는 우리의 능력 등이다. 끝으로 사르트르의 접근은 사실과 자유의 구별, 타인을 응시하는 것은 그를 대상화하는 것이라는 관념을 중심으로 전개된다.

물론 이러한 견해들 각각은 모두 몇 개의 간략한 관념 이상으로 훨씬 풍요롭지만, 이 기본 관념들을 중심으로 나머지 모든 것들이 세워진다. 이러한 기본 개념들이 철학적 접근의 뼈대이다. 우리가 이 뼈대에 추가적인 관념들을 보태 더 풍성하게 할 수 있지만, 단순한 뼈대가 갖는 이점은 그것이 해당 철학의 중심적인 논리 구조를 드러내 준다는 점이다.

우리는 이 뼈대를 '관념의 지형'이라고 부른다. 실제 지형이 산과 호수와 강 들이 특정한 방식으로 서로 연관되듯이, 철학적 이론의 개념적 지형은 상호 연관된 표식들의 망으로 구성된다. 철학적 견해의 지형을 탐구하는 것은 중심 개념들이 서로 어떻게 연관되어 있는지 탐구하는 것이다.

이 모두가 바로 '관념의 지형에서 걷기'라는 실습의 기반이다. 이 실습에서 우리는 철학적 견해의 지형을 탐구한다. 그러나 그 내부에서, 그 지형 안에서 걷는 듯이 탐구한다. 우리는 판단하거나 비판하지 않고, 동의하거나 반대하지 않는다. 대신에 우리는 이 지형 '안에서 걸으면서'(walk inside) 하나의 표식이 다른 표식과 어떻게 연결되는지를 탐구하고, 텍스트에 표시되지 않은 새로운 길 또한 탐구한다. 우리는 또한 개인적 경험을 불러서 이 지형 안에 놓을 수 있다. 그 결과는 해석적이며(철학자의 내석 논리에 충실하다) 또한 개인적인(새로운 관념과 경험의 길을 모색하기 위

53

해 철학자의 지형을 넘어선다) 탐구이다.

우리가 한 철학자의 관념의 지형 안을 걸을 때, 우리는 그 지형을 따라가기 위해 나 자신의 개인적 견해를 버려야 한다. 그렇게 하는 것이 이미 관조적 방향으로 중요한 단계에 들어섰음을 뜻한다. 그러나 관조와 함께함의 정신을 지니기 위해, 그리고 일상적인 토론을 피하기 위해 그 이상의 규칙과 의도가 추가되어야 한다.

'관념의 지형에서 걷기' 실습의 표준 버전은 몇 개의 단계로 구성된다. 첫째, 간략한 명상 실습 후에, 느리게 읽기 절차로 텍스트를 읽어서, 매우 천천히, 침묵의 순간을 넣어가며 읽어서, 내적 경청의 분위기를 조성한다.

둘째, 진행자가 참가자들에게 텍스트에서 자신을 타격한 또는 건드린, 텍스트의 중심이라고 생각되는 2~3 관념(개념, 구별 등)을 확인하도록 한다. 그러면 참가자들은 소중한 말하기로 이 관념들을 표현한다. 그 관념들을 설명하지 않고, 4~5개의 단어만으로 그것에 이름을 붙이기만 한다.(설명이 더 필요한 경우라면 의도적 대화의 절차가 더 적절하다.) 참가자들이 관념을 표현하는 방법은 텍스트를 인용할 수도, 자신의 말로 표현할 수도, 다른 이의 말을 반복하거나 재구성하여 표현할 수도 있다. 진행자가 이 관념들을 모으고, 모두가 볼 수 있도록 적는다.(온라인 모임에서는 구글 드라이브 문서가, 대면 모임에서는 중앙에 종이를 놓는 것이 좋다.)

셋째, 이제 참가자들이 관념들의 목록을 보고, 긴 목록을 더 짧은 목록으로 통합한다. 소중한 말하기 절차로 진행하며 참가자들은 자신을 타격한 또는 건드린 중요한 관념들을 반복한다. 두 바퀴를 돈 후에, 진행자는 여러 번 반복된 2~4 관념에 표시를 한다. 이것이 이 모임에서 작업할 관념의 지형이다.

위의 단계들은 대략 10~20분 정도 걸리며, 이 실습 중 보다 해석적인 부분으로 구성된다. 이제 모임에서 텍스트를 이해했고 그 지형을 스케치했기 때문에, 보다 개인적이고 창의적인 탐구가 계속될 수 있다. 이것이 이 실습의 넷째 단계이며, 이것은 몇 가지 다양한 방식으로 진행될 수 있다.

네 번째 단계의 한 가지 버전에서는, 진행자가 참가자들이 이 지형에 연관된 개인적 경험을 공유하도록 한다. 의도적 대화의 절차를 사용해야 하며, 그래야 내적 경청을 강조하면서 그리고 그 순간 살아있는 것에 목소리를 주면서 보다 긴 설명을 할 수 있다. 개인적 경험을 말한 후에, 참가자들은 지형의 관점에서 그 경험에 공명하면서 반응할 수 있다. 이런 식으로 그들은 그 경험에 그리고 그 지형에 모두 빛을 비추어준다.

네 번째 단계의 다른 버전에서는 개인적 경험보다 일반적 관념에 초점을 맞춘다. 진행자가 텍스트에도 없고 지형에도 없는 새로운 개념을 소개한다. 그러면 참가자들이, 소중한 말하기 절차로, 새로운 개념을 포함하여 원래 지형의 영역을 넘어서서 지형을 확대하는 문장을 표현하도록 한다. 예를 들어, 부버의 나-너의 관계에 관한 회기에서, 진행자가 '낭만적 사랑'의 개념을 언급하고 묻는다. 부버의 지형의 관점으로부터 우리는 낭만적 사랑에 관하여 무엇을 말할 수 있나요? 소중한 말하기 절차로 참가자들이 부버의 지형의 정신 안에 있는 낭만적 사랑에 관한 관념들을 제시한다. 이런 식으로 모임은 개인적이고 창조적이며, 여전히 관조적인 방식으로 부버의 지형을 확장한다.

네 번째 단계의 더 관조적인 버전도 가능하다. 진행자가 텍스트의 한 문장의 시작 부분을 읽고, 참가자들은 자신의 차례에 개인적이면서도 지형에 연관된 방식으로 문장을 계속 읽는다. 참가자들에게 생각할 시간을 너무 많이 주지만 않는다면 리듬을 계속 유지할 수 있고, 그 결과는 명상적 낭송과 같아진다.

C. 상호작용 실습(Interactive Exercises)

'경험으로부터 듣기' (Listening from an experience) 실습

이 실습에서는 다른 친구의 경험에 내적으로 경청하기

를 강조한다. 그러한 듣기는 자신의 개인적 견해와 자기중심적인 사고 패턴을 넘어서는 강력한 방법일 수 있다.

첫 단계에서는 친구들이 텍스트를 관조하고, 그들이 텍스트를 이해하고 있음을 확인한다.

둘째, 한 문장이나 문단을 선택하여 느리게 읽기나 철학적 낭송의 절차로 관조한다. 읽는 동안 내적으로 들으면서, 텍스트에 있는 어떤 것이 그것과 연관된 최근의 개인적 경험을 상기시키는지 본다.

셋째, 진행자가 개인적 경험을 공유할 지원자가 있는지 묻는다. 지원자는 의도적 대화의 절차를 이용하여 압축적으로 경험을 기술한다. 이 활동의 한 버전에서는 화자가 간략한 표현을 여러 번 반복하여 낭송의 느낌을 만들기도 한다.

넷째, 친구들이 경험을 관조하되, 마치 자신에게 일어난 일인 것처럼 안으로부터 관조한다. 자신의 내부에서 하는 말을 주의 깊게 들으며, 그 경험에 빛을 비추는 알아차림 속에서 떠오르는 통찰에 목소리를 준다. 그렇게 할 때, 경험에 관해(about) 말하는 것이 아니라 경험으로부터(from) 말하는 것이 중요하다.

'모둠 시'(Group Poem) 실습

이 실습에서는 모둠이 함께 시를 짓는다. 각자 두 행을 쓰고, 함께 연결하고, 서로 잘 맞도록 약간 수정한다.

이 과정에서는 두 요소가 관조적 효과를 낳는다. 첫째, 시적으로 말을 만들기 위해서는 내적 듣기와 말의 리듬과 소리에 주목해야 한다. 둘째, 모둠-시를 쓴다는 것은 나의 개인적 관념보다 더 큰 무엇을 쓴다는 것을 의미한다. 익숙한 대화와는 달리, 나는 내 관념의 '주인'이 아니다. 내가 쓴 행은 더 큰 전체의 부분이기 때문이다. 그러므로 이것은 더 큰 사유 작용의 일부가 되는 겸손한 경험이다.

이 실습은 철학적 텍스트를 – 아마도 관조적 공부의 실습으로 – 이해한 후에 텍스트 작업의 후기 단계에 적합하다. 첫 단계에서는 모둠원들이 선택된 문단이나 문장을 몇 분 동안 조용히 관조한다. 그런 다음 친구들은 그것을 마음속으로 천천히 읽고, 자신에게 의미 있게 다가온 말을, 마음에 떠오른 관념들을 내적으로 들어야 한다.

두 번째 단계에서, 친구들은 시의 두 행을 써서, 자신 안에서 떠오른 관념에 목소리를 준다. 각각 종이 위에 자신들의 행을 쓴다. 온라인의 경우, 구글 문서(Google Drive Document)를 이용해 동시에 쓰면, 친구들이 쓰는 과정을 볼 수 있다.

세 번째 단계에서는, 가운데 놓인 종이 위에 또는 구글 문서로, 행들을 무작위로 함께 연결한다. 지원자들이 전체 시를 읽고 모둠원들은 그 시가 흐르는 대로 내적으로 듣는다. 읽은 후에, 시를 개선하고 통일적으로 만들어줄 만한 변경을 친구들이 제안한다. 행의 순서를 수정하거나 시제나 대명사를 바꾸고 접속사를 추가하는 등등.

　네 번째 단계에서 친구들은 완성된 시를 관조하고, 가능하면 소중한 말하기나 의도적 대화의 절차를 통해 개인적으로 시에 반응한다.

결론

이 작은 책에서 나는 내 경험상 깊고 통찰력 있는 관조적 철학을 '함께함' 안에서 창조하는 데 도움이 되는 생각과 기술들을 모으려고 했다. 모임을 함께 하면서, 모임에는 유대감과 친밀감이 자라나고 참가자의 내적 깊이를 일깨우는 능력이 발전한다.

말할 것도 없이, 철학친교의 가능성은 광대하며, 탐구를 기다리는 많은 길이 있다. 다른 철학실천가들이 새로운 관념과 새로운 절차와 실습을 계속해서 탐구해주는 것이 나의 소망이다. 나는 이 작은 안내서가 최종적인 틀이 아니라 더 나은 발전을 위한 출발점이라고 생각한다.

그러나 새로운 생각을 개발할 때, 큰 그림을 유지하는 것이, 특히 내적 깊이를 가꾼다는 목표, 관조적 정향, 함께함의 정신을 유지하는 것이 중요하다. 이는 철학친교의 세 가지 기둥이며 친교를 규정하는 요소이다. 물론 관조적이지 않은, 함께함과 내적 깊이에 공명하는 것을 강조하지 않는 형식을 개발할 수도 있다. 예컨대 의견들을 토론하고 개인적 경험을 공유하고 대화의 기술을 발전시키는 데 초점을 맞출 수 있다. 그것들은 훌륭한 모임이 될 수 있다. 그러나 그것을 철학친교라고 부르는 것은 오해를 일으킬 수 있다.

혼란을 피하고 친교 형식의 고유성을 보존하기 위해서는 그런 모임들은 다른 이름으로 불러야 하며, 다른 유형의 것으로 제시되어야 한다. 되풀이 하지만, '철학친교'는 정의상 매우 독특한 것이다. 그것은 관조적이며, 함께함 안에서 공명하고, 우리의 내적 깊이를 가꾸는 것을 목표로 한다.

이 모든 것을 염두에 두면서, 새로운 생각, 그리고 새로운 절차와 실습이 곧 개발되고, 독자인 당신이 이 새로운 형식을 당신의 고유한 방식으로 탐구하여 그것을 발전시키기를 나는 소망한다. 내가 당신의 실험과 당신의 새로운 생각과 기술을 듣게 된다면 기쁠 것이다. 철학은 새로운 미지의 영역 탐구에 관계한다. 철학친교는 그러한 새로운 영역이며, 나는 이 항해에 함께 하자고 당신을 초대한다.

란 라하브(Ran Lahav)
2016년 2월, 미국 버몬트(Vermont)

지은이에 관하여

지은이 란 라하브(Ran Lahav)는 이스라엘에서 자랐으며, 1989년 미국 미시건 대학교 (University of Michigan)에서 철학 박사 학위와 심리학 석사 학위를 받았다. 그는 초창기부터 철학실천 분야에 참여하여 1994년 제1차 국제 철학실천 대회(*First International Conference of Philosophical Practice*)를 루 매리노프(Lou Marinoff)와 공동으로 조직하였고, 책과 논문을 출판하고 전 세계에서 수많은 강연과 워크숍을 개최하여 이 분야의 개발에 기여했다. 그는 또한 이스라엘 하이파 대학 (Haifa University)에서 철학 상담에 관한 세계 최초의 대학 과정을 가르쳤으며, 이 과정은 일 년에 한 학기씩 15년 동안 계속되었다. 2014년에 국제 철학 실천가들의 온라인 모임인 아고라 웹사이트 (www.philopractice.org)를 개설했고, 2015년부터 철학친교 프로젝트를 시작했다.

란 라하브는 철학과 철학실천에 관한 논문과 책들, 그리고 히브리어로 된 두 편의 소설을 출판했다. 그는 현재 미국 버몬트(Vermont)의 시골에 거주하며, 발표를 위해 전 세계를 자주 여행한다.

옮긴이에 관하여

옮긴이 편상범은 고려대학교에서 『아리스토텔레스 윤리학에서 실천적 인식의 문제』로 철학박사 학위를 받고 현재 고려대학교, 성신여자대학교, 명지대학교 등에서 강의하며, 한국철학상담치료학회 연구이사로 활동하고 있다. 지은 책으로는 『서양이 동양으로 걸어오다 – 인간과 자연에 대한 동서양의 철학적 관점』(공저, 철학과 현실사), 『윤리학 – 행복은 도덕과 갈등하는가』(민음인) 등이 있으며, 논문으로는 「프로타고라스의 인간척도설」, 「존재와 인식의 딜레마」, 「아리스토텔레스 윤리학에서 이론적 탐구와 도덕적 실천의 관계」 등이 있다.

www.ingramcontent.com/pod-product-compliance
Lightning Source LLC
Chambersburg PA
CBHW060651030426
42337CB00017B/2551